놀려먹고 배우는

영화 영어

이자원 · 김혜정

국민대학교 출판부

책 머리에

우리는 영어회화 책을 가지고 공부를 하다보면 좋은 표현, 좋은 얘기만 공부하는 경우가 많습니다. 남의 행실을 칭찬해 주고 서로 협력하고 도와주고, 상대방의 질문에 꼬박꼬박 충실하게 다 대답해 주고 참으로 긍정적인 표현들을 많이 배웁니다. 그러나 실제 생활을 곰곰이 생각해 보면 늘상 좋은 말만 오고 가는게 아니지 않습니까?! 가끔은 남에게 상처 주는 말을 할 수도 있고, 일부러 비꼬아서 말을 할 수도 있습니다. 또는 자존심 긁는 말을 들을 때도 있고 반대로 내가 상대방에게 충고하거나 단호하게 일침을 놓는 말을 할 때도 있습니다. 일상적으로 좋은 말도 많이 쓰는 반면 이러한 가시 돋힌 말도 가끔은 사용을 합니다. 그러나 정작 영어 수업 시간에는 이러한 까탈스럽고 비판적인 표현은 배우기가 쉽지 않은 듯 합니다. 이에 본 책자는 규범적인 영어 회화 책에서는 배울 수 없는 매우 일상적이되 다소 비판적인 표현들을 연구해 보았습니다. 실생활 속에서 종종 사용되는 상대방을 비꼬고 놀리고 무안 주는 표현들은 도대체 어디서 배울 수 있을까요? 그렇습니다. 바로 "영화"입니다. "영화"는 바다와 같이 무궁무진해서 싱싱하고 생생한 표현들이 산재해 있습니다. 본 책자는 총 26편에 이르는 다양한 장르의 영화를 이용해서 상대방을 무안스럽게 할 수 있는 표현들을 40가지로 정리하였습니다.

▣ 교재의 구성

본 책자는 총 4개의 파트, Embarrassment, Warning, Mocking, Disagreement로 나뉘어져 있습니다. 먼저 상대방을 매우 당혹스럽게 할 수 있는 표현이 10개로 정리되어 있고, 상대방에게 따끔하게 충고하거나 엄중하게 경고할 때 사용할 수 있는 표현이 10개 수록되어 있습니다. 또한 상대방을 놀리거나 자존심을 건드릴 수 있는 표현을 10개로 정리하였고 상대방의 의견이나 말에 동의하지 못할 때 이를 명확하게 드러낼 수 있는 표현을 10개로 구성하였습니다.

▣ 교재 사용법

'클릭! 이럴 때!' 파트에서는 40개의 선정된 표현이 사용되는 실제 상황을 설명해 놓았습니다. 일상적으로 우리가 쉽게 경험할 수 있고 자주 겪는 장면을 제시해서 표현이 일상 속에 쉽게 적용될 수 있도록 하였습니다. 선정된 표현에 대한 어휘 및 문법적 설명이 추가되어 있어서 의미를 이해하는데 도움이 될 것입니다.

'영화! 바로가기!' 파트에서는 그 표현이 나오게

된 영화상의 줄거리와 짧은 대본을 제시하였습니다. 대본에 나와 있는 어휘 설명을 상세히 첨부하여 학습자 스스로 공부하는데도 어려움이 없도록 하였습니다.

마지막으로 '즐겨찾기!' 파트에서는 40개의 선정된 표현에서 각각 알아두어야 할 문법적 사항을 밀도 있게 다루었습니다. 유창한 표현도 중요하지만 그 표현을 이루는 문법의 기초 또한 간과해서는 안됩니다.

본 책자를 통해서 일상생활 속에서 종종 사용되는 상대방을 놀리거나 비난할 수 있는 다양한 표현을 알 수 있습니다. 문법적 항목도 매우 기초적인 부분을 상세하게 다루었기 때문에 이 기회에 기초 문법을 다시 한번 탄탄하게 다질 수 있을 것이라 확신합니다.

본 책자가 자칫 지루해 질 수 있는 여러분의 영어 학습에 잠시나마 신바람을 불러일으키는데 일조하기를 바랍니다.

저자 이자원 · 김혜정

목 차

Embarrassment

Warning

목 차

Mocking

Disagreement

Embarrassment

- 그래서 너 머리가 빠지는 거야.
- 나한테 폭탄선언 하는거야?
- 넌 맨날 같은 옷만 입잖아.
- 너 속 거북해?
- 다리 좀 오므리고 앉아.
- 분위기 깨는 사람이구만.
- 성공은 내가 했는데 니가 왜 난리야?
- 생각해 낸 게 기껏 그거야?
- 어쩜 손가락 하나 까닥 안하니?!
- 제정신이야? (무슨 약 먹었어?)

▪ 그래서 너 머리가 빠지는 거야 ▪

▣ 클릭! 이럴 때!

너무 신경 쓰다보면 우리말로 머리빠진다고 하잖아요?! 신경이 너무 예민해서 주변의 누가 한마디만 해도 하루 종일 신경 쓰고 걱정하고 고민하는 사람에게는 '너 그래서 머리가 빠지는거야' 라고 한마디 해주게 되죠. 이 말은 상대방의 머리가 빠진다는 사실을 전달하는 것이 아니라 그렇게 고민하면 머리 빠지니깐 너무 걱정하지 말라는 속뜻이 담겨있습니다. 이 속 깊은 표현을 알아봅시다.

You're starting to lose your hair.

lose는 중요하거나 필요한 무언가를 상실한다는 의미입니다. lose your hair는 머리카락을 상실한다는 것이므로 머리가 빠진다는 표현입니다. 참으로 재미있는 표현이지요?!

lose를 사용하는 재치 있는 표현을 좀 더 알아볼까요?! lose weight 하면 살이 빠진다는 의미가 되고, lose your life 하면 결국 죽는다는 의미가 되겠죠?!

본 표현인 starting to lose your hair는 머리가 빠지기 시작한다는 것을 의미하며 상대방이 어떤 일에 심각하게 고심하거나 근심할 때 그러면 머리 빠진다고 걱정하지 말라고 할 때 사용할 수 있는 표현입니다.

▣ 영화! 바로가기! : 러브 인 맨하탄

유력한 상원의원 마샬이 마리사가 일하는 호텔에 투숙하게 됩니다. 당분간 머물 계획으로 기르는 개도 함께 데리고 오지요. 호텔에 도착하자마자 마샬은 개를 산책시키려 나가려 하고 그의 개인 보좌관인 제리는 스케줄이 빠듯한데 한가하게 개나 산책시키는 마샬이 이해되지 않습니다. 다음은 제리와 마샬이 개 산책으로 옥신각신 하는 장면입니다.

Jerry :	Look, they have people who will walk your dog for you. I mean, I know that's a crazy idea.
Marshall :	I want to walk my own dog. Relax. **<u>You're starting to lose your hair.</u>**

제리 :	있잖아, 개 산책은 다른 사람 보내도 되잖아. 그러니깐, 그건 완전 미친 생각이라구.
마샬 :	내 개는 내가 산책시킬래. 긴장 좀 풀어. 그래서 너 머리가 빠지는거야.

- Look : 자신이 어떤 중요한 말을 하기 전에 상대방의 주의를 집중시키기 위해 사용됩니다.

- they have people who will... : who는 주격 관계대명사이며 선행사는 앞에 나온 people이 됩니다.

- walk your dog : 여기서 walk는 타동사로 사용되었으며 개를 산책시킨다는 의미입니다.
  아파트에서 개를 키우게 되면 하루에 한번 정도는 산책시켜줄 필요가 있습니다. 걷게도 하고 똥 오줌도 누이고 말이죠. 미국에는 남의 집 개를 돌봐주며 산책시키는 직업이 따로 있을 정도랍니다.

- I mean : 무언가를 설명하거나 예시를 들어서 설명할 때 사용됩니다. 또는 다음에 무슨 말을 할지 생각하기 위해서 잠시 멈출 때도 사용합니다. 여기서는 제리가 마샬에게 개 산책을 다른 사람에게 부탁하라고 하면서 직접 가는 것은 미친 짓이라는 말을 덧붙여 설명하기 위해서 I mean을 사용하였습니다.

- crazy idea : 분별없거나 문제를 야기할 수 있는 아이디어를 표현할 때 사용됩니다.

- my own dog : own은 자신의 소유라는 것을 나타냅니다. own은 my, Jane's와 같은 소유를 나타내는 단어들 뒤에서만 사용될 수 있습니다. own 앞에 very를 붙여서 그 의미를 더욱 강하게 만들 수 있습니다.

  예> I have my very own room.

- Relax : '긴장을 풀다'는 의미로 상대방에게 걱정이나 근심을 멈추고 차분하고 편안해 질 것을 요청할 때 사용됩니다.

▣ 즐겨찾기!

be starting : 진행형

시제에서 진행형은 다음 세 가지의 의미를 지닙니다.

1) 일정 기간 동안 동작을 행할 경우

   예> She lives in Seoul but she is living in Jeju island.

   (서울이 상주하는 곳이지만 현재는 당분간 제주도에서 살고 있다는 의미)

2) 미래대용 : 가까운 미래를 나타낼 경우

   예> He is leaving for Italy tomorrow.

   (그는 내일 이탈리아로 떠날겁니다.)

3) 습관이나 버릇을 나타낼 경우

   예> He's always forgetting my kindness.

   (그는 항상 내가 친절하다는 걸 망각합니다.)

나한테 폭탄선언 하는 거야?

▣ 클릭! 이럴 때!

우리는 살다 보면 종종 누군가에게 폭탄선언을 듣게 됩니다. 평소에 친하게 지내던 직장 동료가 어느 날 갑자기 자신은 게이라고 천연스레 폭탄선언을 합니다. 세상에!! 세상에.. 너무 충격적이어서 할 말을 잃어버리죠. 또는 사랑하는 애인이 어느 날 뜬금없이 이별을 선언하면 슬픔에 앞서 '나한테 지금 폭탄선언 하는 거야? 어떻게 이럴 수 있어?' 라고 화부터 내게 되죠. 폭탄선언 하냐고 따질 때 뭐라고 표현할까요?

you think you can safely drop the bomb on me?

drop the bomb은 예상하지 못한 놀랍고도 충격적인 소식을 갑자기 전한다는 의미입니다. 본 문장을 직역하면 '나한테 폭탄을 안전하게 떨어뜨릴 수 있다고 생각해?' 입니다. 폭탄인 이상 어떻게 떨어뜨리든 절대 안전할 수는 없겠죠?! 상대방이 갑작스럽게 놀라운 사실이나 정보를 전달했을 때 이것은 듣는 사람에게는 폭탄과 같을 수 있습니다. 이런 폭탄선언을 들었을 때 너무 충격적이어서 잘 납득되지 않을 경우 사용할 수 있는 표현입니다.

▣ 영화! 바로가기! : 업사이드 어브 앵거

아빠가 회사 비서와 바람나서 도망가고 난 후 엄마는 제 정신이 아닙니다. 둘째 딸 앤디는 집안 사정상 대학 진학을 포기하고 직장을 구하려고 합니다. 이를 미리 알아챈 옆집 아저씨 대니가 좋은 직장을 소개해 주고 면접 받으러 오라고 연락을 주죠. 그러나 결정적으로 엄마만 이 사실을 몰랐고 뒤늦게 딸이 대학 진학을 포기했다는 사실을 알고는 불같이 화를 냅니다.

Andy	: No, I told Daddy and he wanted me to wait to tell you, but now...
Mom	: Oh, but now that he's off screwing his assistant, **you think you can safely drop the bomb on me**, is that it?

앤디	: 아니요. 아빠한테 말했는데 아빠가 엄마한테 말할 때까지 기다리래서요. 근데 지금은...
엄마	: 오, 근데 지금은 아빠가 조수랑 바람나 버렸고, 너는 나한테 폭탄선언 하는거야? 그런거야?

- he wanted me to wait to tell you : to wait의 주체는 문장 전체의 주어인 he가 아니라 me(to 부정사의 의미상의 주어)가 됩니다.
  여기서 want 동사의 뒤에 붙는 to 부정사의 주체를 한번 살펴봅시다.

  1) I want to pass an exam.
     : to pass의 주체는 문장 전체 주어인 I와 동일합니다.
  2) I want him to pass an exam.
     : to pass의 주체는 him이 됩니다.

- be off : '떠난다(to leave)' 라는 뜻으로 원래 있던 장소로부터 멀어진다는 의미를 포함합니다. 여기서는 아빠가 온 가족을 버리고 떠나버렸다는 것을 나타냅니다.

- screw : 누구와 성적 관계를 맺었다는 의미의 비속어입니다. 본 영화에서 엄마는 아빠가 다른 여자와 놀아났다는 사실에 분노해서 이런 비속어를 사용한 것입니다.

- assistant : '조교, 조수, 보좌역' 이라는 뜻으로 직장이나 학교에서 조금 덜 중요한 일을 함으로써 다른 사람을 도와주는 사람을 지칭합니다. 즉 다른 사람을 보좌하는 사람을 나타냅니다.

- is that it? : '그게 그런거야?' 자신이 앞에 서술한 말이 사실인지를 상대방에게 확실하게 확인할 때 사용됩니다.

▣ 즐겨찾기!

agreement : 주절과 종속절의 시제 일치
주절의 시제가 현재나 현재완료일 때 종속절의 시제는 다음과 같이 모두 가능합니다. 예> You think you can safely drop the bomb on me? 주절(현재) 종속절(현재) She thinks her boyfriend is studying. 주절 (현재) 종속절(현재 진행) Charlie believes he has solved the problem. 주절 (현재) 종속절 (현재완료) We think it will rain two days later. 주절(현재) 종속절(미래)
주절의 시제가 과거, 과거완료일 때 종속절의 시제는 과거나 과거완료만이 가능합니다. 예> I said that I had been waiting 50 minutes. 주절(과거) 종속절(과거완료) He had not finished typing when the teacher came in. 주절(과거완료) 종속절(과거)

넌 맨날 같은 옷만 입잖아.

▣ 클릭! 이럴 때!

우리 주변에 보면 매일 입는 옷이 바뀌는 멋쟁이도 있지만 반대로 그 옷이 그 옷으로 매일 같은 옷을 반복해서 입는 사람도 있습니다. 패션에 전혀 관심이 없어서 그럴 수도 있지만 매일 같은 옷만 입고 다니게 되면 촌스럽다는 주변의 놀림은 감수해야 합니다. 이렇게 매일 같은 옷만 입는 사람을 영어로는 뭐라고 할까요?

You are an outfit repeater!

outfit은 한 벌로 함께 맞춰 입는 한 세트의 옷을 의미합니다. 특히 결혼식이나 졸업식과 같은 특정한 일로 옷을 갖춰 입을 때 쓰일 수 있습니다. 예를 들어 two-piece outfit은 위 아래 맞춰 함께 입는 투피스를 의미합니다.

repeater는 동사 repeat에 '-하는 사람'을 뜻하는 접미사 -er이 붙어서 '반복하는 사람, 되풀이 하는 사람'을 나타냅니다. 따라서 outfit repeater는 옷 한 벌을 되풀이해서 입는 사람, 즉 같은 옷을 매번 반복해서 입는 사람을 의미합니다.

잠깐! 여기서 살짝 짚고 넘어가야 할 것!!

우리나라 말은 '~ 같은 옷만 입잖아' 라는 서술형으로 끝나는 반면 영어는 명사가 잘 발달 되어 있어서 같은 뜻인데도 outfit repeater라는 간단한 명사로 처리됩니다. 우리말의 서술형이 영어의 명사로 어떻게 표현되는지 살펴보는 것도 굉장한 재미랍니다.

▣ 영화! 바로가기! : 리지 맥과이어

중학교 졸업식 날, 리지 맥과이어는 푸른 색 졸업식 예복을 입고서 기분이 들떠 있습니다. 그런데 잘난 척 하는 같은 학년 친구인 샌더즈가 다가오더니 리지의 옷이 촌스럽다고 놀려대기 시삭하죠. 게다가 예복 속에 받쳐 입은 옷이 이미 지난번 축제 때 입은 옷 아니냐며 다른 친구 앞에서 리지를 무안하게 만듭니다.

Sanders :	It's-kind-of-a-peasant-dress but-it-might-just-be-a-baggy-disaster that you wore to the spring dance. Lizzie McGurie, **you are an outfit repeater!**

샌더즈 :	어딘가 촌스러운 옷이잖아. 니가 봄 축제 때 입었던 헐렁한 거네. 리지 맥과이어, 넌 맨날 똑같은 옷만 입잖아!

위에 나온 샌더즈 대사의 절반이 모두 - 로 연결되어 있는데, 이것은 샌더즈가 위의 대사를 쉬지도 않고 한 숨에 다다다닥 읊고 지나가기 때문에 그 속도감을 표현하기 위해 사용된 것입니다.

- kind of : '거의, 다소' 라는 뜻으로 무언가가 불확실하거나 그것이 부분적으로만 사실이라는 것을 의미합니다. 매우 정확하게 말하지 못할 때 사용되며, 단수와 셀 수 없는 명사 앞에서 쓰입니다.

- peasant dress : peasant는 '농민의, 시골뜨기의' 라는 뜻이므로 peasant dress는 세련되지 못한 촌스러운 옷을 의미합니다.

- baggy : 헐렁헐렁한, 여기서는 졸업식 예복이 커서 헐렁하고 볼품없다는 것을 표현한 것입니다.

- disaster : '재해, 재난, 큰 참사, 완벽한 실패' 라는 뜻으로 개인이나 사회 전반에 큰 손실이

나 고통을 야기할 수 있다는 것을 나타냅니다. 여기서는 리지의 옷이 너무 촌스러워서 완전히 실패했다는 것을 의미합니다.

▣ 즐겨찾기!

접미사 -er
동사와 명사에 집미시 -er를 붙이면 '-하는 사람 (것)'의 의미를 지니는 명사가 됩니다. 예> hunter, admirer, cigarette holder dancer (=someone who is dancing) the diners (=people having dinner)
특정 지역에 살거나 특정 지역 출신을 나타낼 때도 지역 명 다음에 -er를 붙여 표시할 수 있습니다. 예> New Yorker (뉴욕에 사는 사람) Londoner (런던 출신 사람)
특정한 물건을 만들거나 특정한 직업이나 일에 종사하는 사람 또는 특정 학문을 연구하는 사람을 나타낼 때도 -er를 붙여 표현할 수 있습니다. 예> a hatter (모자 만드는 사람) fruiterer (과일 파는 사람) geographer (지리학을 연구하는 사람)

너 속 거북해?

▣ 클릭! 이럴 때!

점심을 거하게 먹고 돌아오는 길에 같이 식사한 친구가 소화가 잘 안된다며 속 불편해 합니다. 식사를 급하게 하였거나 과식을 하고 나면 가끔 속에 가스가 차서 속이 거북할 때가 있죠. 자아, 속이 거북하다는 말을 어떻게 표현할까요?

You look like you got some gas.

look like는 '~할 것 같다, ~인 것처럼 보이다, ~인 것으로 생각되다' 라는 뜻으로 seem과 같은 의미를 지닙니다. gas는 '뱃속에 찬 가스(기체)'를 의미하며 구어적으로 '방귀'를 칭합니다. 위 표현을 직역하면 '너 뱃속에 가스를 지니고 있는 것처럼 보인다'가 되겠죠. 따라서 상대방이 속에 가스가 차서 거북하거나 불편해 보일 때 쓰일 수 있습니다.

▣ 영화! 바로가기! : 나인 야드

소심한 치과의사인 오즈는 퇴근하는 길에 옆집에 누군가 이사 온 것을 발견합니다. 반가운 마음에 가서 먼저 인사를 건네지만 알고 봤더니 살인청부 전문 킬러인 지미였습니다. 오즈가 인사하다 말다 너무 놀라서 멍한 표정을 짓자, 지미가 괜찮은지를 확인하고 오즈는 놀란 티를 안내려고 햄버거 때문에 속이 안 좋은 척 합니다.

Jimmy	: You all right?
Oz	: (quietly) Yes.
Jimmy	: You sure?
	<u>you look like you got some gas.</u>
Oz	: Well I had a hamburger for lunch.
Jimmy	: Did they put mayonnaise on it?

지미	: 괜찮나?
오즈	: (조용하게) 어, 괜찮아.
지미	: 정말이야? 너 속 거북해?
오즈	: 어, 점심에 햄버거를 먹긴 했어.
지미	: 거기서 마요네즈 얹어줬어?

■ You all right? : 상대방이 평소 때와 다른 언행을 보여서 이상하게 느껴질 때 상대방에게 몸 상태나 기분 등이 괜찮은지를 물어보는데 사용됩니다. 여기서는 지미가 갑자기 겁먹어서

얼어버린 오즈에게 괜찮은지, 어디 아픈 건 아닌지를 물어보는데 사용하였습니다.

- You sure? : 상대방이 한 말이나 건네 준 정보가 사실인지를 재차 확인할 때 사용됩니다. '정말이야, 확실해?'의 뜻을 지닙니다. 여기서는 말을 하는 도중에 갑자기 멈춰버린 오즈에게 지미가 괜찮은지를 물었더니 오즈가 무조건 괜찮다고 대답하죠. 지미는 구겨져 있는 오즈의 표정을 보고는 영 석연치 않아서 다시 한번 괜찮은지를 재차 확인하는 것입니다.

- have something for lunch : '점심으로 무엇을 먹다' 라는 의미입니다. 여기서 '먹다' 라는 의미를 나타낼 때 have 동사가 쓰인다는 점을 알아두세요.

  예> All I have for lunch is two slices of toast.
  (내가 점심으로 먹은 건 기껏 토스트 두 조각이다.)

- Did they put mayonnaise on it? : 여기서 they는 햄버거 파는 사람들을 지칭하고 it은 햄버거를 지칭합니다. 따라서 본 표현은 '햄버거 파는 사람이 햄버거 위에다 마요네즈 뿌려줬니?' 라는 의미가 되지요. 마요네즈를 어떤 음식 위에 얹어 먹다, 뿌려먹다 라고 할 때

put mayonnaise on- 형태의 구문을 사용한다는 점도 눈여겨 봐두세요.

▣ 즐겨찾기!

some
some은 사람이나 사물의 수나 양을 정확하게 언급하지 않을 때 사용됩니다 예> I went to fetch some books. (나는 몇 권의 책을 가지러 갔다.) 예> Give me some milk. (우유 좀 주시오.)
some + 복수 셀 수 있는 명사(books) = 몇 개의(a number of) some + 단수 셀 수 없는 명사(milk) = 약간의 양의(a quantity of) 어느 정도의(a degree of)
some of + 단수명사 ⇒ 단수 동사 some of + 복수명사 ⇒ 복수 동사 예> Some of the fruit is rotten. (과일 몇 개는 썩었다.) 예> Some of the animals are in enclosures. (몇몇 동물들은 울타리 안에 있다.)

▪ 다리 좀 오므리고 앉아. ▪

▣ 클릭! 이럴 때!

지하철에서나 버스에서 가끔 짧은 치마를 입었는데도 다리를 벌리고 앉는 여자들이 있습니다. 특히 지하철에서 이런 여자들의 맞은편에 앉으면 눈을 어디다 둬야 될지 참으로 난감해지죠. 아는 사람이라면 다리 좀 오므리고 앉으라고 말해주련만 그러지도 못해 못 본 척 한 경험이 있을 것입니다. 그럼 다리를 오므리고 앉으라는 말은 어떻게 표현할까요?

Keep your legs together.

keep은 어떤 동작이나 상태를 유지한다는 의미이고 together는 '합쳐져서, 이어져서, 모여져서'라는 뜻으로 두 개의 물체를 하나로 합친다는 의미입니다. keep - together는 '한데 모으다'는 의미가 되고 하나로 합쳐서 유지한다는 뜻이 되겠죠. 위 문장을 살펴보면 '너의 다리를 한데 모아라'가 됩니다. 그래서 다리를 벌리고 앉았을 때 두 개의 다리를 하나로 합쳐서 다리를 오므리라는 의미로 사용됩니다.

▣ 영화! 바로가기! : 사랑보다 아름다운 유혹

세실 엄마 콜드웰은 맨체스터 고등학교에 다니게 된 딸 세실을 데리고 그 학교의 학생회장인 캐서린을 방문해서 딸을 부탁합니다. 이들의 대화중에 세실의 이복 오빠이자 소문난 바람둥이인 세바스찬이 들어옵니다. 세바스찬이 세실에게 관심을 보이자 세실 엄마는 딸을 데리고 얼른 자리를 뜨며 교양 없이 남자 앞에서 다리를 벌리고 앉은 딸을 질책합니다.

Kathryn	:	I'll call you and we can plan your curriculum.
Cecil	:	Okay, thanks. It was nice meeting you.
Caldwall	:	Let's go, Cecile. Now. **Keep your legs together.**

캐서린	:	내가 전화할게. 수강 과목 좀 짜 보자.
세실	:	그래, 고마워. 만나서 반가웠어.
콜드웰	:	이제 가자, 세실. 어서 가자고. 다리 좀 오므리고 앉아.

- call : '전화하다' 라는 동사로는 call 말고도 phone, telephone이 있습니다. 이 세 개의 동사 중에 구어적으로 가장 자주 사용되는 것은 phone이며 그 다음이 call, telephone 순입니다. telephone은 격식을 갖춘 표현이어서 구어보다는 문어에서 훨씬 더 잘 사용됩니다.

- curriculum : 학교에서 배워야 되는 수업 과목이나 특정 과목에서 공부해야 되는 것들을 의미합니다. 그러면 plan your curriculum은 학교에서 들어야 되는 수강 과목을 계획하고 골라본다는 의미가 되겠죠.

- nice meeting you : 우리가 너무나도 잘 알고 있는 nice to meet you는 영국영어의 구어적 표현이고 nice meeting you는 미국영어식 표현입니다.

- let's : 화자를 포함한 집단에게 어떤 제안을 하거나 명령을 할 때 구어적으로 let's를 사용합니다. let us는 같은 뜻이지만 격식 있는 표현입니다. let's- 라는 상대방의 제안에 찬성할 때는 let's 라고 짧게 답하면 됩니다.

  A : Let's have a drink, shall we?
  (술 한잔 하자, 엉?)
  B : Yes, let's. (그래, 그러자.)

- Now : '즉각, 즉시(immediately)' 라는 의미가 있습니다. let's go 다음에 now가 쓰였으므로 지금 '어서' 가자는 의미이며 가자는 것을 촉구하는 기능을 합니다.

▣ 즐겨찾기!

keep 동사
1) keep + 목적어 + 보어 목적어를 -한 상태로 간직한다는 의미입니다. 예> Keep your hands clean. (항상 손을 깨끗이 해.) Keep the door shut. (문을 닫아 두시오.)
2) keep + 형용사 변하지 않는 상황을 얘기할 때 사용됩니다. 예> Take my coat, it'll keep you warm. (내 외투 입어, 따뜻하게 해 줄 거야.)
3) keep + -ing 어떤 행동을 계속해서 한다거나 여러 번 반복해서 같은 행동을 한다는 것을 나타냅니다. 예> Keep smiling whatever happens. (무슨 일이 있어도 계속 웃어라.) I keep forgetting to call you. (너한테 전화하는 걸 계속 까먹는다.)

▞ 분위기 깨는 사람이구만. ▚

▣ 클릭! 이럴 때!

연말 파티라든지 결혼식과 같은 집안의 경사가 있으면 전체 분위기가 들뜨고 흥분되잖아요. 그런데 꼭 싫은 소리를 몇 마디 한다거나 불미스런 사건을 일으켜서 분위기를 다 망치는 사람이 있습니다. 이런 분위기 깨는 사람을 뭐라고 표현할까요?

Must be a killer Christmas party.

must be는 '-임에 틀림없다'는 의미로 어떤 정보나 사실의 확실성을 나타냅니다. 그 다음에 눈여겨 봐야하는 어휘는 a killer Christmas party입니다. killer는 '살인자, 죽이는 사람' 이라는 뜻이잖습니까?! 그래서 a killer Christmas party는 크리스마스 파티를 죽이는 사람, 즉 한창 들뜨고 기쁜 분위기를 망치는 사람을 지칭합니다. 굉장히 재치있는 어휘죠?! 문장의 맨 앞에는 주어 You가 생략되었습니다.

▣ 영화! 바로가기! : 브루스 올마이티

하는 일마다 꼬이고 재수가 없던 어느 날 폭발하기 직전이던 브루스는 하늘을 향해 저주하며 모든 것을 신의 탓으로 돌립니다. 그날 이후로 그의 삐삐에 계속 찍히는 연락처. 그곳을 찾아간 브루스는 거기서 건물주인, 전기공, 수위를 만나는데 놀랍게도 모두 동일 인물입니다. 어이없어 하는 브루스에게 그 신사는 자신을 신이라고 소개합니다.

Bruce	:	This is hilarious. So you're the boss and the electrician and the janitor? **Must be a killer Christmas party.** Don't get drunk, though.
God	:	You always were funny, Bruce, just like your father. He didn't mind rolling up his sleeves, either, son.

브루스	:	이거 엄청 웃기는데요. 그러니까 당신이 주인이고 게다가 전기공이고 수위도 한단 말이에요? 분위기 깨는 사람이구만. 그러니까 과음하지 마세요.
신	:	넌 항상 재밌구나, 브루스, 네 아빠처럼 말이다. 그런데 네 아빠는 그렇게 (소매를 걷고) 달려들진 않았단다.

- hilarious : '엄청나게 웃긴' 이라는 뜻입니다. This is hilarious에서 this는 브루스가 만난 건물주인, 전기공, 수위가 모두 같은 사람이라는 사실을 의미하며 이것은 말도 안되며 엄청나게 웃기다며 시니컬하게 표현한 것입니다.

- electrician : 전기 기사. 전기 기구를 다루고 수선하는 일을 하는 사람을 의미합니다.

- janitor : 수위, 관리인. 학교나 큰 건물을 관리하는 사람을 의미합니다.

- don't get drink : 주기적으로 또는 너무 많이 술을 마시지 말라는 의미입니다.

- though : 그러나, 그래도. 문장 전체를 수식하는 부사의 역할을 하며 주로 절이나 문장의 끝에 위치합니다. 앞서서 한 말이 덜 중요하다거나 앞서 한 말과는 매우 다른 견해를 덧붙일 때 사용됩니다.

- not mind -ing : mind에는 '-에 신경 쓰다' 라는 의미가 있습니다. 따라서 not mind는 어떤 일을 신경 쓰지 않고 기꺼이 한다는 의미입니다. mind 동사 뒤에는 -ing 형태가 온다는 것을 기억하세요.

■ roll up his sleeve : roll up은 '(소매나 바지 단을) 걷어 올린다'는 의미이고 sleeve는 '소매(자락)'를 뜻합니다. 따라서 싸움이나 논쟁 등에서 소매를 걷어 붙이고 본격적으로 달려들어 붙는다는 의미의 구어적인 표현입니다.

▣ 즐겨찾기!

must (be)
주로 무언가가 확실하다는 결론을 나타낼 때 사용되며 '틀림없이 -이다' 라는 의미입니다. 예> You must be David's brother - You look just like him. (너 데이비드 동생임에 틀림없어 -그 애랑 많이 닮았거든.)
조동사 must 다음에는 항상 동사의 원형이 사용됩니다. 의문문이나 부정문을 만들때 따로 do 동사를 사용하지 않습니다. 예> Must she go? (Does she must go? ×) You mustn't worry. (You don't must...×)
should는 must의 더 약한 형태(a weaker form)로 사용될 수 있습니다. 예> Max must be at home by now. (I think he's certainly at home.) Max should be at home by now. (I think he's very probably at home.)

성공은 내가 했는데 니가 왜 난리야.

▣ 클릭! 이럴 때!

가장 단짝인 동료가 성공하거나 유명세를 타게 되면 그를 알던 주변 사람들도 괜시리 덩달아 으쓱해지지요. 성공한 건 그 친구인데 그 친구와 친하다는 이유로 내가 착각해서 오만방자해 질 때가 있습니다. 그러면 '성공한건 잰데 니가 왜 난리치니?' 라는 비난을 들을 수도 있습니다. 이런 듣기 거북한 비난은 어떻게 표현할까요?

Don't let my success go to your head.

let + 목적어 + 동사원형은 목적어로 하여금 -하게 시키다, -하게 허락하다는 의미로 해석됩니다. go to your head는 '자만케 하다' 라는 뜻으로 자신을 실제보다 더 중요하고 대단한 존재라고 느낀다는 의미를 담고 있습니다. success goes to someone's head의 형태로 자주 쓰입니다. 위 표현을 살펴보면 '나의 성공이 너를 자만케 하도록 하지 말아라'가 되지요. 결국 성공은 내가 했으니 덩달아 네가 자만하지 말라는 의미가 됩니다.

▣ 영화! 바로가기! : 애니 기븐 선데이

마이애미 샤크 풋볼 팀의 신인 쿼터백 비멘은 팀을 여러 차례 승리로 이끌면서 최고의 스타로 떠오르게 됩니다. 그러나 그는 팀웍을 무시하며 오만하게 자기 맘대로 작전을 진행합니다. 결국 스타는 되었지만 많은 사람들에게 외면당하는 비멘. 게다가 애인마저 그를 질타하죠. 다음은 애인과 크게 다투던 비멘이 너무 화가 나서 말을 함부로 하는 장면입니다.

Beamen :	You come at me when I'm dealing with this shit? Get the fuck out. Get your hands off me. What's wrong with you? You're turning into a shit like everybody on that team. Girl, look. **Don't let my success go to your head**, bitch!

비멘 :	하필 이딴 거 처리하고 있을 때 와서 난리야? 꺼져버려. 손 치우라고. 대체 왜 그래? 너두 우리 팀 사람들처럼 멍청이가 됐어. 야, 성공한건 난데 니가 왜 난리야, 미친 것!

- deal with : '다루다, 처리하다' 라는 뜻으로 일이나 사건에 대해서 올바른 행동을 취한다는 의미입니다.

- this shit : shit은 쓸모없고 매우 나쁜 무언가를 표현합니다. 여기서 this는 풋볼 작전 자료를 지칭합니다. 단순하게 지시사 this 라고만 써도 충분한데 너무 화가 나서 this shit으로 표현하였습니다.

- get the fuck out : the fuck은 매우 화가 났을 때 자신이 말하는 것을 강조하기 위해서 사용됩니다. 그냥 get out! 하면 '나가!, 가버려!' 라는 의미이지만 get the fuck out 하면 '우라질 꺼져!'로 의미가 상당히 강조됩니다.

- get off : 자신을 건드리지 말라고 말할 때 또는 무언가에서 떨어져 있으라고 말할 때 사용되는 구어적인 표현입니다. 그러면 get your hands off me는 '나에게서 손을 치워라'는 의미가 되겠죠.

- what's wrong with you? : 상대방에게 도대체 문제(problem)가 무엇인지, 그리고 왜 불행해하는지를 물어볼 때 사용됩니다. '도대체 왜 그래, 뭐가 문제야?'의 의미가 됩니다.

- turn into : 성질이나 형태가 다르게 변하다, 변질되다는 의미입니다. You're turning into a shit은 너는 변질돼서 멍청이가 되었다는 의미가 됩니다.

- bitch : 싫어하거나 불쾌스러운 여자를 비하해서 표현하는 매우 모욕적인 속어입니다.

▣ 즐겨찾기!

let 동사
let 동사를 사용할 경우 목적어 뒤에 'to' 형태 없이 동사의 원형 형태를 써야 합니다. 즉 let 동사는 to부정사나 -ing형태를 사용해서는 안됩니다. 예> I never let him leave home. (o) I let her using my telephone. (×)
let 동사의 수동 형태는 없습니다. 수동 형태를 사용해야 할 경우에는 let 동사 대신 다른 동사 즉, allow나 permit 동사를 사용해야 합니다. 예> He was the only one allowed to do as he pleased. (그는 하고 싶은 대로 하도록 허락받은 유일한 사람이다.)

▪ 생각해 낸 게 기껏 그거야? ▪

▣ 클릭! 이럴 때!

중요한 어떤 연설을 해야 하거나 창의적인 아이디어를 내야 할 자리에서 너무나도 단순하게 기대 이하의 발언을 했을 경우 '-한다는 게 겨우 그거야? 생각해 낸 게 그것뿐이야?' 라는 핀잔을 듣게 됩니다. 상대방의 행동이나 발언에 대해 불만족스러움을 강력하게 표시하는 이 말은 어떻게 표현할까요?

That was the best you could come up with?

come up with는 아이디어, 계획 또는 대답이나 해답을 생각해 내거나 찾아낸다는 의미입니다. best는 good과 well의 최상급이죠. 그래서 the best는 '최상, 최선, 최상의 상태'를 의미합니다.

the best you could come up with에서 you could-이하의 문장이 the best를 수식합니다. 따라서 위 표현은 "그것이 네가 생각해 내거나 찾아낼 수 있는 최상의 것이냐"는 핀잔어린 뜻이 됩니다.

▣ 영화! 바로가기! : 크리스마스 건너뛰기

노라와 루더 부부는 크리스마스를 건너뛰고 카르브해로 여행을 가려다 계획이 뒤틀려 뒤늦게 크리스마스 준비를 급박하게 하게 됩니다. 트리도 꾸며야 하고 잔칫상도 차려야 하고... 너무 늦게 준비를 시작해서 뜻대로 되는 게 하나도 없습니다. 곤란하던 차에 이웃들의 많은 도움으로 크리스마스 준비를 마치게 되죠. 크리스마스 파티 날 노라는 나서서 이웃들에게 고마움을 전합니다. 그러나 루더는 카리브해 여행을 못가게 된 것에 대해서 여전히 골이 나 있습니다.

Nora : You really have shown us the true meaning of community.
And thank you all so much.
Luther : Same goes for me, double.
Nora : That was it? **That was the best you could come up with?**
Luther : I'm not really good at toasts.

노라 : 여러분들은 이웃의 참뜻을 보여주었습니다. 정말 감사드립니다.
루더 : 저도 동감입니다.
노라 : 그것뿐이야?
생각해 낸 게 기껏 그거야?
루더 : 난 건배 제의 잘 못한단 말야.

- You : 여기서는 파티에 모인 이웃 주민들을 가리킵니다.

- community : 지역 공동사회를 나타내며 또는 같은 지역이나 같은 마을에 사는 사람들을 지칭합니다.

- same goes for me, double : 앞서 말한 사람의 말에 전적으로 동감한다는 것을 나타내는 표현입니다. 우리나라의 '이하 동문'과 같은 표현입니다.

- that was it? : 상대방이 한 말을 재차 확인할 때 사용되며 특히 상대방이 한 말을 쉽게 믿지 못하거나 쉽게 동의하지 못할 때 사용됩니다.

- be good at : '-에 능숙한, 숙련된, -에 유능한, 재간 있는, -를 잘하는'의 의미입니다. at은 전치사이므로 be good at 다음에는 명사나 대명사 또는 동명사가 온다는 점 주의하세요.
  예> She is very good at cooking.
  (그녀는 요리를 아주 잘한다.)

- toast : '축배, 축배의 말, 건배'의 뜻으로 누군가에게 고마움을 표시하기 위해서 또는 누군가에게 행운을 빌어주기 위해서 모인 사람들 모두에게 술 한잔 할 것을 요청할 때 사용됩니다.

▣ 즐겨찾기!

that : 관계대명사의 생략

That was the best (that) you could come up with?의 원래 문장은 중간에 that이 생략된 형태입니다.

관계대명사 that은 의미적으로 불필요할 때 생략할 수 있습니다.

예> She believes that the column that he has written is that one.
(그녀는 그가 쓴 칼럼이 바로 저것이라고 생각한다.)

She believes 다음의 that은 believe의 목적어로써 접속사의 역할을 하며 생략 가능합니다.
the column 이하의 that은 column을 수식하는 관계대명사로써 또한 생략 가능합니다. 그러나 맨 마지막의 that one에서 that은 '저, 그' 라는 의미의 지시 형용사로 사용되었으며 지시 형용사는 생략해서는 안됩니다.

▞ 어쩜 손가락 하나 까닥 안하니?! ▚

▣ 클릭! 이럴 때!

일손이 부족하거나 다른 사람의 도움을 절실히 필요로 하는 상황에서 손가락 하나 까닥 안하고 팔장끼고 있는 사람이 있습니다. 다급하거나 매우 바쁜 상황에서 전혀 도움을 주지 않는 사람에게 넌 무슨 공주도 아니면서 어쩜 손가락 하나 까닥 안하니? 라는 비난을 서슴없이 하기도 하죠. 남에게 전혀 도움을 주지 않는다는 비난을 비유적으로 나타낸 표현을 알아봅시다.

you won't lift a finger?!

not life(raise) a finger는 다른 사람을 도와주거나 일을 거들어 주려는 노력을 전혀 하지 않는다는 것을 의미합니다.

예> We moved furniture all day long, and Sarah never lifted a finger.
(우리는 하루 종일 가구를 옮겼는데, 사라는 손가락 하나 까닥하지 않더라.)

따라서 위 표현은 상대방에게 손가락 하나 까닥하지 않을 정도로 전혀 도움을 주지 않는다고 면박줄 때 사용할 수 있는 표현입니다.

▣ 영화! 바로가기! : 나인 야드

평범한 치과 의사 오즈의 옆집으로 희대의 살인청부업자인 지미가 이사를 오게 됩니다. 어느 날 동네 구경시켜 달라는 지미의 부탁에 오즈는 무서워서 순순히 따라나서게 되죠. 그러나 무서울 줄 알았던 지미는 의외로 상당히 매너 좋고 성격 좋은 사람이라는 걸 알게 됩니다. 가뿐한 마음으로 집에 돌아온 오즈에게 아내는 옆집에 살인마가 이사 왔다고 난리를 치죠. 그러나 지미를 사적으로 만나고 온 오즈는 아내 앞에서 오히려 킬러인 지미 편을 들고 아내는 너무 어이없어 합니다.

Oz	: Okay, okay. Let's say he did make a pass at you...the guy's been in prison for 5 years, he's desperate....
Sophie	: You pig! You disgust me. There's a known killer living right next door who might slaughter us in our sleep and **you won't lift a finger?!**

오즈 :	그래, 그래. 그 놈이 너한테 집적댔다고 치자... 걔는 5년이나 감옥에 있었고, (여자에게) 혈안이 돼 있다구...
소피 :	비열한 놈! 너 정나미 뚝 떨어진다. 잘 때 우리를 죽일지도 모르는 그 유명한 살인마가 바로 옆집에 있는데 넌 어쩜 손가락 하나 까닥 안하니?!

- let's say : '-라고 가정하자, -라고 치자' 라는 의미로써 어떤 일이 발생했다고 가정하거나 발생한 그 일이 사실이라고 가정할 때 사용됩니다. let's say that의 형태로 쓰이며 that은 생략 가능합니다.

- make a pass at - : 상대방과 성적 관계를 가지려 할 때 상대방에게 키스하고 애무하려 한다는 것을 의미합니다. 여기서는 원하지 않는 사람이 이런 행위를 했기 때문에 '집적거렸다'는 의미로 사용되었습니다.

- desperate : '필사적인, 혈안이 된, 너무 -하고 싶어 못 견디는'의 뜻이며 무언가를 굉장히 많이 원하고 요구한다는 의미를 담고 있습니다. desperate는 형용사이지만 이 의미로 쓰일 때는 명사 앞에서 사용되지 않으며 주로 be desperate for-의 형태로 사용됩니다.

- You pig : pig는 불쾌한 사람 또는 비열하고 싫어하는 사람을 표현할 때 사용됩니다.

- disgust : 용납할 수 없는 무언가로 인해 불쾌하거나 실망스럽다는 것을 표현합니다. 타동사로써 '정 떨어지게 하다, 넌더리나게 하다, 메스껍게 하다'는 의미를 지닙니다.

▣ 즐겨찾기!

won't : 단축형
단축형은 회화적으로 사용할 때 번거로움을 피하고 친근감을 표시하기 위해 자주 쓰이지만 문어적으로 사용될 때는 다소 주의를 기울여야 합니다.
won't 는 will not의 단축형 입니다. won't는 회화적인 형태이기 때문에 문어적으로는 자주 사용되지 않습니다. won't가 들어간 대화를 기록으로 받아 적는 경우라든가 글로 쓰는 형식 중에 매우 스스럼이 없는 경우를 제외하고는 형식적, 문어적인 표현으로 사용되지는 않습니다.
shall not의 단축형인 shan't 또한 won't와 용법이 같습니다. 예> I <u>won't</u> hear much about that news. She <u>shan't</u> ever do it again.

제정신이야? (무슨 약 먹었어?)

▣ 클릭! 이럴 때!

주변의 친한 가족이나 친구가 도저히 납득할 수 없는 행동을 했을 경우, 또는 남들이 보기에 거의 미친 짓에 가까운 언행을 했을 경우 우리는 소위 '너 무슨 약 먹었니?' 라고 물어봅니다. 이것은 '제정신이냐?' 라는 의미를 비유적으로 나타낸 거죠. 상대방의 이해할 수 없는 행동이나 말에 대해서 타박하듯 물어보는 이 표현을 알아봅시다.

Are you on some sort of medication?

sort에는 '부류, 종류(type)'의 의미가 있으며 some sort of는 무언가의 알 수 없는 종류(of an unknown type)를 나타낼 때 사용됩니다.

medication은 아픈 사람에게 주어지는 약을 의미합니다. 따라서 be on medication은 약을 복용한다는 뜻이 됩니다.

위 표현은 '너는 알 수 없는 종류의 약을 복용하고 있니?' 라는 의미입니다. 소위 우리말로 '너 무슨 약 먹었니?' 라는 표현이 됩니다.

■ 영화! 바로가기! : 스위트 알라바마

패션디자이너로서 첫 패션쇼를 성공적으로 치룬 멜라니, 그날 밤 뉴욕 시장의 아들이자 그녀의 남자친구인 앤드류는 그녀에게 깜짝 선물을 하죠. 바로 다이아몬드로 가득 찬 티파니 매장을 오직 그녀만을 위해 특별히 개장한 겁니다. 다음은 멜라니가 아무 것도 모르고 앤드류에게 이끌려 티파니 매장으로 가는 동안 두 연인 간에 오간 대화 내용입니다.

Melanie : Ireland, honey,
that's four months from now.
Andrew : I was thinking maybe 2-300
guests, tops.
Melanie : For Christmas? Andrew, **are you on some sort of medication?**
What's going on? Where are we?
Oh, my God.

멜라니 : 아일랜드 여행이라니.. 자기야,
그건 넉 달이나 남았잖아.
앤드류 : 손님이 최고 이삼백 명은 될 거야.
멜라니 : 크리스마스에? 앤드류,
제정신이야?(혹시 약먹었어?)
무슨 일인데? 우리 어딨는거야?
어머나, 세상에.

- Ireland : 북대서양 북동부에 위치하며 정식 명칭은 아일랜드 공화국입니다. 수도는 더블린이며 영어와 아일랜드어를 공용어로 사용합니다.

- that's four months from now : that은 아일랜드로의 여행을 의미합니다. from now는 '지금부터 시작해서' 라는 의미입니다. 따라서 본 표현은 아일랜드로의 여행은 지금부터 4개월이나 남았다는 표현입니다.

- tops : 가능한 가장 높은 수나 액수를 나타내는데 사용됩니다.

  예> She'll make $400 from it, $500 tops.
  (그녀는 그것으로 400달러를, 최고로 500달러까지 벌 것이다.)

  maybe 2-300 guests, tops는 손님은 최고 많이 200명에서 300명까지 일 수 있다는 뜻이 되겠죠.

- What's going on? : 어떤 일이 발생했는지, 그리고 그 일이 어떻게 진행되고 있는지를 물을 때 사용되는 구어적인 표현입니다.

- Oh, my God : 굉장히 놀랬거나 크게 흥분했다는 것을 나타내는데 사용됩니다. 여기서는 멜라니가 기대하지도 않았는데 티파니 전 매장

이 자신만을 위해서 특별 개장된 것을 보고는 너무 놀라서 지른 탄성입니다.

▣ 즐겨찾기!

sort of
sort of 다음에는 항상 명사 형태만 오게 됩니다. of가 전치사이므로 당연히 그 뒤에는 명사(절), 대명사, 동명사가 오겠지요. soft of의 복수 형태로는 sorts of를 사용하며 동사와의 수일치에 주의해야 합니다. soft of + 단수 명사 ⇒ 동사는 단수 sorts of + 복수 명사 ⇒ 동사는 복수
예> There are so many different sorts of lipsticks available these day. (요즈음에는 이용할 수 있는 립스틱의 종류가 너무 많다.) ⇒ sorts of 다음에 복수 명사 lipsticks가 왔으므로 동사도 are로 맞추어야 합니다. 예> She has a cute, serious sort of smile.

Warning

- 말꼬리 붙잡고 늘어지지 마.
- 내 탓으로 돌리지 마요.
- 잠깐이라도 내 입장 좀 생각해 줄래?
- 말도 안되는 소리 좀 하지마.
- 별거 아닌데 신경 꺼.
- 경솔한 짓 할 때가 아냐.
- 간섭하지 마세요.
- 나 얕잡아 보지마.
- 말 함부로 하지마.
- 사고 좀 치지마.

▪ 말꼬리 붙잡고 늘어지지 마. ▪

▣ 클릭! 이럴 때!

친한 친구나 애인과 가끔 의견이 안맞거나 감정이 상해서 말다툼 할 때가 있습니다. 감정이 격해져서 마구 싸우다 보면 서로 한 말에 대해서 트집잡고 아무 것도 아닌데 괜히 말꼬리 붙잡고 늘어질 때가 있죠. 상대방이 한 말의 꼬투리를 잡아서 자꾸 비난하고 공격할 때 말꼬리 붙잡고 늘어진다고 하죠. 말꼬리 잡고 늘어지지 말라는 표현을 알아봅시다.

Don't get hung up on the language.

be hang up on(about)은 근심할 이유가 없는데 무언가에 대해서 근심한다는 것을 표현합니다. language는 '말, 어법, 말씨'를 의미하죠. 따라서 위 표현을 직역하면 '말에 대해서 근심할 이유가 없으니 근심하지 마라'는 뜻이 됩니다. 자신이 한 말에 대해서 상대방이 트집을 잡을 때 내가 한 말은 트집을 잡아낼게 없으니 즉, 근심하고 우려할 게 없으니 말꼬리 잡지 말라는 의미로 사용됩니다.

▣ 영화! 바로가기! : 일곱 가지 유혹

컴퓨터 프로그래머인 리차드는 앨리슨을 짝사랑하는 것 빼고는 즐거운 일이 없는 지리한 일상을 보내고 있습니다. 그러던 어느 날 너무나도 아리따운 악마가 눈앞에 나타나고 7가지 소원을 들어주는 대신 리차드의 영혼을 요구합니다. 솔깃해하는 리차드에게 악마는 두꺼운 계약서를 보여주죠. 다음은 리차드가 계약서의 맨 앞장을 훑어보는 장면입니다.

Richard : "I, Elliot Richards, hereafter known as the damned..". "The damned"?
Devil : How about "the Darned"? Sound better? **Don't get hung up on the language,** darling.

리차드 : "나, 엘리어트 리차드는, 이하 저주받은…". "저주라고"?
악마 : 그럼 "지긋 지긋"이라고 할까? 듣기 더 좋아? 말꼬리 붙잡고 늘어지지마, 자기야.

■ hereafter : 법률과 관련된 공식 문서에서 '이후로는, 이후에' 라는 의미로 쓰이며 문장 전체를 수식하는 부사의 역할을 합니다.

■ the damned : 저주받은 사람. 죽어서 지옥에 보내지는 사람들을 의미합니다. 여기서는 악마의 계약서에 Elliot Richards 이름 대신 the damned 라고 표시된다는 의미로 쓰였습니다.

■ How about-? : '-에 관해서는 어떤가?, -에 대해서 어찌 생각하나?' 라는 의미로써 해야 할 일에 대해서 제안을 할 때 사용됩니다. 여기서는 the damned 대신 the darned로 쓰는 것은 어떤가라는 비꼬는 제안으로 사용되었습니다.

■ the darned : darn은 damn과 같은 뜻입니다. the darned는 사물이나 사람이 얼마나 나쁘고 우둔하고 불공평한지를 강조하기 위해서 사용되는 구어적인 표현입니다. 여기서는 리차드가 자신을 the damned라고 표현했다고 따지자 악마가 그럼 the darned라는 의미로 바꿔줄까 라며 빈정대는데 사용되었습니다.

■ sound : '-하게 들리다, -하게 생각되다' 라는 의미로써 sound 다음에는 형용사가 온다는 점에 유의합시다. 그래서 sound better?은 '듣기

에 더 나은 거 같애?' 라는 표현이 됩니다.

sound 다음에 부사는 올 수 없으며 sound는 진행형으로 사용되지 않습니다.

His idea sounds great. (○)

His idea's sounding great. (×)

▣ 즐겨찾기!

on 과 about
on과 about은 둘 다 '-에 대하여' 라는 의미를 지닙니다. on은 책이나 강의, 얘기 등이 다소 진지하고 학문적이며, 전문가들에게 적합한 것을 나타냅니다. about은 보통의, 가장 일상적인 종류의 대화에 대해서 얘기할 때 사용됩니다. 예> a book about America a textbook on American history a conversation about money. a lecture on economics
Don't get hung up on the language : 악마가 영혼을 거래하고자 하는 계약서에 대한 말을 했으므로 on the language에서 language가 다소 진지하고 전문적인 얘기였다는 것을 이해할 수 있습니다.

내 탓으로 돌리지 마요.

▣ 클릭! 이럴 때!

어떤 특정한 일을 두 사람이 같이 했는데 일이 틀어졌을 경우 서로 내 탓이네 네 탓이네 하며 싸운 경험은 누구나 다 있을 겁니다. 그러나 뜻하던 일이 잘 안되었을 경우 '내 탓 아니다, 내 탓으로 돌리자 마라'고 처음부터 못박아 두고 싸움을 피하는 경우도 있습니다. 내 탓이 아니라는 걸 분명하게 나타낼 때는 어떻게 할까요?

Don't even start with me.

start with-는 무언가를 행동이나 사건의 첫 부분으로 다룬다는 의미입니다. 따라서 start with me는 무언가를 나로부터 시작한다는 의미가 되겠지요. 어떤 사건이 터졌을 때 Don't start with me라고 하면 그 사건의 원인이나 잘못된 부분을 나로부터 시작하지 말라는 의미가 됩니다. 결국 일이 잘못 된 것을 내 탓으로 돌리지 말라는 의미를 담고 있습니다.

▣ 영화! 바로가기! : 크리스마스 건너뛰기

딸이 페루로 봉사 여행을 떠난 후 루더와 노라 부부는 이번 크리스마스를 다소 쓸쓸하게 보내야 합니다. 그래서 두 사람은 이번 크리스마스를 건너뛰고 카리브해로 여행을 가기로 결정하죠. 여행 준비를 하던 중 갑자기 페루에서 걸려온 딸의 전화… 크리스마스를 부모님과 같이 보내기 위해 일찍 귀국하겠다는 거였죠. 다음은 딸의 전화를 받고 난 후 루더와 노라 부부의 대화 내용입니다.

Nora	: I don't know who's coming to the party or what they're gonna eat... but we're having a party.
Luther	: What about our trip?
Nora	: **Don't even start with me.** This was all your stupid idea.
Luther	: Stupid idea? Five minutes ago, I was genius.

노라	: 누가 파티에 올지 무얼 먹을지 모르지만.. 어쨌든 우리는 파티를 열거야.
루더	: 여행은 어쩌고?
노라	: 내 탓으로 돌리지 마요. 이게 다 바보 같은 당신 생각이었으니깐.
루더	: 바보 같은 생각이라고? 5분전만 해도 나는 천재 소리 들었다고.

- have a party : 여기서 party는 크리스마스를 축하하기 위해서 여는 크리스마스 파티를 의미합니다. 따라서 have a party는 크리스마스 파티를 연다는 의미입니다.

- what about -? : 해결되지 않은 일에 대해서 질문할 때 사용될 수 있으며 '-는 어떻게 하고?' 라는 의미로 쓰입니다. What about our trip?은 크리스마스 파티를 않하고 여행가기로 했는데 갑자기 일정이 바뀌어서 여행을 안가고 크리스마스 파티를 열게 된 상황에서 '그럼 여행은 어떡하고?'라고 묻는 것입니다. ('여행 안 가는 거야?'의 의미를 함축하고 있죠.)

- all your stupid idea : 여기서 stupid idea는 크리스마스를 건너뛰고 대신 카리브해로 여행을 다녀오자는 계획을 의미합니다.

- ago : 현재를 기준으로 하여 현재보다 그 이전의 때를 나타내며, 과거형과 함께 쓰입니다.
  예> I met her three days ago.

- I was genius : 실제 천재라는 뜻이 아니라 처음에 루더가 크리스마스를 건너뛰자는 아이디어를 냈을 때는 너무 번득아는 아이디어여서 천재소리를 들을 정도였다는 것을 밝히고자 말

한 겁니다. 즉 딸의 전화를 받기 전까지만 해도 노라는 카리브해로 여행을 가고 싶어 했으며 그런 대단한 아이디어를 낸 남편이 천재 같았다는 거지요.

▣ 즐겨찾기!

even

even은 부사, 형용사, 동사의 역할을 합니다. 이 중에서도 '-조차, -라도' 라는 의미의 부사 기능이 중요합니다. even이 일반적인 부사와 다른 점은 명사나 대명사도 수식가능하다는 것입니다.

even은 본인이 말하는 내용에서 예상치 못했거나 놀라운 무언가를 강조하는데 사용됩니다.

예> This work is so easy. Even the younger children can do it.
(이 일은 너무 쉽다. 어린 애들조차도 할 수 있다.)

even이 수식하는 단어는 보통 문장에서 강세를 받습니다.

예> She even gáve me her notebook.
(그녀는 자기 노트를 나에게 주기까지 했다.)
She gave me even her nótebook
(그녀는 나에게 자기 노트까지 주었다.)

잠깐이라도 내 입장 좀 생각해 줄래?

▣ 클릭! 이럴 때!

애인과 말다툼을 하게 되었을 경우, 서로 자신의 입장에서 서운하거나 불만스러운 점을 마구 터트릴 때가 있습니다. 그러나 싸우기에 앞서 잠깐 상대방의 입장이 되어서 생각해 보면 어쩌면 그리 화낼 일도 아니라는 생각도 들고 상대방의 행동이 충분히 이해가 되는 경우도 있습니다. 종종 내 입장을 벗어나는 것도 필요한 일이겠지요. 상대방의 입장이 된다는 표현을 알아봅시다.

Could you get past yourself for a second?

past는 '-을 지나서, -의 범위를 넘어' 라는 의미입니다. 따라서 get past oneself는 자기 자신을 지나서 넘어 선다, 즉 자신의 입장을 넘어 선다는 의미를 담고 있겠죠. 본 표현을 살펴보면 '너는 잠깐 동안만 네 자신의 입장을 넘어서 줄래?'가 됩니다. 결국 네 입장을 넘어서 상대방의 입장도 되어 보라고 요청하는 표현입니다.

▣ 영화! 바로가기! : 제리 맥과이어

잘 나가는 스포츠 에이전시 매니저인 제리!! 어느 날 그는 문득 깨달은 바가 있어 회사는 방대한 고객보다는 소수 정예의 고객에게 인간적인 관심을 기울여야 한다는 내용의 보고서를 작성해서 올립니다. 그 보고서로 인해 출세 가도를 달리던 제리는 하루 아침에 해고 통지를 받게 되죠. 다음은 동료이자 회사의 중역인 밥이 그를 해고하는 장면입니다.

Bob :	Jesus Christ, What about me? You know what I went through knowing I was going to fire my mentor! I've thought about it all week. **Could you get past yourself for a second?** Jesus!

밥 :	빌어먹을, 나는 어떻고? 좋은 조력자를 해고해야 해서 얼마나 힘들었는지 알아?! 일주일 내내 고민했다구. 잠깐만이라도 내 입장 좀 생각해 줄래? 빌어먹을!

- Jesus Christ : 놀람이나 충격, 또는 곤혹스러움, 괴로움 등을 나타내는데 사용됩니다. 여기서는 밥이 친구이자 동료인 제리를 해고해야

하는 곤혹스러움을 나타내기 위해서 사용되었습니다.

■ what about me? : 여기서 what about-?은 어떤 사실이나 정보를 언급한 후 바로 그것과 관련된 새로운 주제를 이끌어 낼 때 사용됩니다. 여기서는 밥이 제리에게 해고를 통보한 뒤 같은 동료를 해고해야 하는 자신의 입장을 이끌어 내기 위해서 what about me?를 사용하였습니다.

■ went through : go through는 '힘들거나 어려운 시기를 거치다, 고난을 경험하다'는 의미입니다.

■ be going to : 상당히 곧 어떤 일이 일어날 것이라는 것을 나타냅니다. 또한 어떤 일을 한다는 것을 밝힐 때 be going to를 사용하면, 그 일을 하겠다는 결의(determination)나 의향(intention)을 표현합니다.

예> I'm going to resign.

(나는 사임할 것이오.)

■ fire my mentor : fire는 '해고시키다'는 의미이고, mentor는 '현명하고 성실한 조언자' 라는 의미로써 경험이 부족한 사람을 도와주고

충고를 해주는 경험이 풍부한 사람을 나타냅니다. 특히 직무와 관련되어 도와주는 사람을 지칭할 때 사용됩니다. 따라서 본 표현은 '일에 대해서 나를 도와주고 충고해 준 조언자를 해고시킨다'는 의미가 됩니다. 여기서 mentor는 제리를 지칭합니다.

▣ 즐겨찾기!

yourself : 재귀 대명사
재귀 대명사(reflexive pronoun)는 문장 전체의 주어와 목적어가 동일할 경우 동사의 목적어로 사용되거나 전치사의 목적어로 사용됩니다. 예> She saw herself in the mirror. (saw 동사의 목적어) He looked at himself for a few minutes. (at 전치사의 목적어)
재귀 대명사는 강조를 위해 사용될 수도 있습니다. 이때의 재귀 대명사는 명사나 대명사 바로 뒤에 위치할 수 있고 또는 문장의 맨 끝에 위치할 수 있습니다. 예> He himself faxed the report to me. He faxed the report to me himself.
by+재귀 대명사는 'alone'의 의미를 나타냅니다. 예> I live by myself. (나는 혼자 살고 있다.)

▪ 말도 안되는 소리 좀 하지마. ▪

▣ 클릭! 이럴 때!

상대방이 나를 위해서 해 주는 충고 중에 말도 안되는 어이없는 충고가 종종 섞여있습니다. 누구나 말도 안되는 소리 좀 작작하라며 친구를 핀잔 준 경험이 있을 겁니다. 단호하게 말도 안되는 소리 하지 말라는 표현은 어떻게 할까요?

Give me a break!

give somebody a break는 상대방이 괴롭히거나 귀찮게 하는 말이나 행동을 할 경우에 상대방에게 말도 안되는 소리(행동) 하지 말라고 하는 의미로 사용됩니다. 또는 본인을 괴롭히는 어떤 행동을 그만두라고 말할 때도 사용됩니다. somebody 자리에는 something의 의미가 쓰여도 가능합니다.

예) I'm sick of hearing about your problems, Just give it a break.
(니 문제 듣는 것도 질린다, 그만 좀 해라.)

give me a break는 상대방이 한 말이나 행동으로 인해 괴롭다거나 불쾌하다는 것을 보여주는 표현입니다.

▣ 영화! 바로가기! : 러브 인 맨하탄

뉴욕 맨하탄에서 호텔 청소부로 일하는 마리사는 늘 고된 일로 힘들지만 호텔의 매니저가 되고 싶은 꿈을 안고 살아갑니다. 어느 날 호텔의 지배인이 그만둬서 그 자리가 공석이라는 소문을 듣게 되죠. 같이 일하는 동료는 마리사에게 지배인 자리에 지원해 보라고 종용하지만 마리사는 호텔 청소부는 감히 지배인이 될 수 없다며 아예 마음을 접습니다.

Woman :	Hey, Marisa, you here?
Marisa :	Can I finish getting dressed, please? Thank you.
Woman :	You're the one who keeps talking about being a manager. All I'm saying is, it could be you.
Marisa :	**Give me a break.**

여자 :	야, 마리사, 내 말 듣고 있는거야?
마리사 :	나 옷 좀 다 입을 수 있을까요, 네에? 고마워요.
여자 :	너 맨날 매니저 되고 싶다고 했잖아. 내 말은, 너도 매니저 될 수 있다는거야.
마리사 :	말도 안되는 소리 좀 하지 마요.

- you here? : '너 듣고 있어?'로 해석되며 상대방이 자신의 말을 듣고 있는지를 확인할 때 사용됩니다. 비슷한 용법으로 전화 통화할 때 내가 한참 얘기를 하고 있는데 수화기 너머 상대편이 대답이나 반응이 없으면 상대편이 듣고 있는지를 확인하게 되죠. 그때는 (Are) you there?를 사용하면 됩니다.

- finish getting dressed : finish는 동명사만을 목적어로 취하는 동사입니다. 즉 finish +-ing 형태를 취하며 '-하기를 끝내다, 마치다'의 의미를 지닙니다.

  Can I finish getting dressed? 하면 '내가 옷 입는 걸 마칠 수 있을까?'가 됩니다. 여기서는 옷 입는데 동료가 자꾸 성가시게 무언가를 종용하니깐 마리사가 옷 좀 있게 가만히 좀 있으라는 의미로 사용되었습니다.

- You're the one who keeps talking... : 관계대명사 who에 대해서 잠깐 살펴봅시다. 선행사가 사람을 표현할 때 관계대명사 who가 사용됩니다. 여기서 who가 지칭하는 선행사는 바로 앞에 있는 the one 입니다. the one이 3인칭 단수이기 때문에 who 이하의 동사가 keeps가 된 것입니다. 선행사와 관계대명사절 속 동사의 수일치를 유념하세요.

■ keeps talking : keep -ing 형은 지속적으로 어떤 행위를 계속한다거나 같은 행위를 여러 번 반복해서 한다는 의미입니다.

...keeps talking about being a manager는 매니저가 되는 것에 대해서 계속해서 반복적으로 얘기했다는 의미가 됩니다.

▣ 즐겨찾기!

give : 수여 동사
give 동사처럼 목적어를 두 개(간접 목적어와 직접 목적어) 취하는 동사를 수여 동사라고 합니다. 이 수여 동사가 쓰인 문장은 간접 목적어를 문장의 맨 뒤로 보내서 '주어+동사+목적어'의 구문으로 변화시킬 수 있습니다. 이때 문장 전체의 의미는 변하지 않습니다. 그러나 문장을 바꿀 때 반드시 전치사를 동반한다는 사실을 기억해야 합니다. 대표적인 수여동사인 give 동사는 전치사 to를 동반합니다.
예> She gives me the letters. (me는 간접목적어, the letters는 직접목적어) = She <u>gives</u> the letters <u>to</u> me. 예> The teacher told us the story of French Revolution. = The teacher <u>told</u> the story of French Revolution <u>to</u> us.

▪ 별거 아닌데 신경 꺼. ▪

▣ 클릭! 이럴 때!

누구에게나 들춰내고 싶지 않은 비밀이 있습니다. 그런데 주변에 내 비밀을 알고 있는 사람이 꼭 한 두 사람 있기 마련입니다. 그들이 입이 무거워서 비밀을 잘 지켜주면 좋으련만, 술자리에서 술김에 또는 수다 떨다가 무의식중에 입 밖으로 꺼낼 수도 있습니다. 상대방이 내 비밀을 대수롭지 않게 얘기해 버리면 다시는 함부로 말하지 못하도록 해야겠죠. 그래서 별거 아닌 일 소문내지 말고 신경 끄라고 단호하게 말할 수 있습니다. 단호한 이 말은 어떻게 표현할까요?

Don't start sweating the small stuff.

sweat는 '근심하다, 걱정하다'는 의미이고 여기서 small stuff는 '중요하지 않은 시시한 일 또는 실없는 소리'를 의미합니다. 따라서 본 표현은 상대방에게 중요하지 않거나 별거 아닌 일에 대해서 걱정하지 말고 신경 끄라고 말할 때 사용될 수 있습니다.

▣ 영화! 바로가기! : 파파라치

웬델과 케빈은 모두 스타들의 뒤를 쫓아다니며 그들을 귀찮게 하는 파파라치들입니다.

어느 날 술집에 모여서 떠들던 중 웬델은 자신이 팝 가수인 로페즈를 어떻게 교묘하게 찍었는지를 자랑합니다. 그러자 케빈은 결국 다른 사람을 잘못 찍은 거 아니냐며 사실을 밝히고 이에 웬델은 발끈하게 되죠.

Wendell : I picked her off with a thousand mil from 120 yards out.
Kevin : Yeah, too bad it wasn't really Lopez.
Wendell : Nobody knows that. Let me tell you something, Kevin. **Don't start sweating the small stuff**, okay?

웬델 : 120 야드 밖에서 1000mm 렌즈로 그녀를 잡았지.
케빈 : 그래, 그런데 안됐지만
진짜 로페즈가 아니었잖아.
웬델 : 그건 아무도 몰라.
자네에게 한소리 하지, 케빈.
별거 아닌데 신경 꺼, 알겠어?

- pick - off : 다소 떨어진 거리에 있는 동물이나 사람을 매우 신중하게 겨냥을 해서 쏜다는

의미입니다. 여기서는 파파라치가 멀리 있는 스타를 조심스럽게 겨냥해서 사진을 찍었다는 의미로 사용되었습니다.

- a thousand mil : 초점길이가 10000mm인 특수 초망원 렌즈를 의미합니다. 이러한 렌즈의 경우는 특수한 목적의 천체사진이나 조류사진, 스포츠 사진 등을 촬영하는데 자주 사용되는 장비입니다.

- yard : 길이를 측정하는 단위입니다.
  1 yard = 3 feet = 0.9144 m

- too bad : 상대방에게 좋지 않은 일이 일어났을 때 유감이라는 것을 표현할 때 사용되며 '-이라서 안됐다'의 의미입니다.
  It's too bad that- 의 형태로 자주 쓰입니다.

- Lopez : 본명은 Jennifer Lynn Lopez. 미국의 팝 가수이자 여배우입니다. 1999년 MTV 뮤직 비디오 상을 수상한 재능 있는 스타죠.

  <재미있는 제니퍼 로페즈의 영화 대표작>
  러브 인 맨하탄 (Maid in Manhattan, 2002)
  쉘 위 댄스 (Sahll we dance, 2004)
  퍼펙트 웨딩 (Monster-in-Law, 2005)

■ Nobody : nobody는 no one의 의미로써 단수 취급합니다. 따라서 nobody knows that에서 동사가 knows로 쓰인 것에 유념합시다.

■ Let me tell you something : let me do something은 상대방을 위해서 자신이 무언가를 하겠다는 것을 제안할 때 사용됩니다. 따라서 이 표현은 너에게 한마디 하겠다는 의미가 됩니다.

▣ 즐겨찾기!

start + -ing / to 부정사
start 뒤에는 -ing 와 to 부정사가 둘 다 올 수 있으며 일반적으로 둘 사이에 중요한 차이는 없습니다. 예> She started talking about football. She started to talk about football. (그녀는 풋볼에 대해서 말하기 시작했다.)
be starting + to 부정사 : start가 진행형으로 쓰이면 그 뒤에는 to부정사가 사용됩니다. 예> He is starting to learn French. (○) He is starting learning French. (×)
비슷한 의미의 begin 동사도 start와 용법이 같습니다. 예> It began to rain. / It began raining. It was beginning to rain.

▪ 경솔한 짓 할 때가 아냐. ▪

▣ 클릭! 이럴 때!

갑자기 위급한 일이 발생했거나 긴장되는 사건이 터졌을 때 신중하고 침착하게 행동하는 사람이 있는 반면에 흥분한 나머지 성급하게 일 처리를 하려고 달려드는 사람도 있습니다.

경솔하게 행동하지 말라고 따끔하게 경고할 때 어떻게 표현하는지 알아봅시다.

This is not the moment for rash actions.

rash는 어떤 행동을 할 때 그것이 분별 있는 행동인지 아닌지 주의 깊게 생각하지 않고서 빠르게 무언가를 행한다는 의미의 형용사입니다. 따라서 rash action은 분별없는 경솔하고 성급한 행동을 뜻합니다. 위 문장을 직역하면 "이 상황은 경솔한 행동을 위한 순간이 아니다"가 됩니다. 결국 경솔하고 성급한 행동을 할 때가 아니라는 의미가 됩니다. 중요한 어떤 순간에 상대방이 앞 뒤 신중하게 생각하지 않고서 성급하게 도발적으로 행동하려고 할 때 이를 저지할 수 있는 표현입니다.

▣ 영화! 바로가기! : 캐리비안의 해적

어느 날 밤 평화로운 마을에 사악한 해적들이 쳐들어오고 총독의 딸인 엘리자베쓰를 납치해 갑니다. 그동안 그녀를 짝사랑해 왔던 대장장이 터너는 조급해서 견딜 수가 없습니다. 노링턴 해군 제독은 그녀를 되찾아오기 위해 침착하게 작전을 짜려고 하죠. 옆에서 이를 지켜보던 터너는 해적을 찾아 나서자고 성급하게 말하고 냉정한 노링턴 제독은 이런 터너의 행동을 비난합니다.

Norrington :	Mr. Turner, you are not a military man, you are not a sailor. You are a blacksmith and **this is not the moment for rash actions**. Do not make the mistake of thinking you are the only man here who cares for Elizabeth.

노링톤 :	터너씨, 당신은 군인도 아니고 선원도 아니요. 당신은 대장장이 일뿐이오. 그리고 지금은 경솔한 짓 할 때가 아니오. 여기서 엘리자베쓰를 걱정하는 사람이 당신 혼자라는 착각은 하지 마시오.

- military man : military는 '군인의, 호전적인' 이라는 뜻으로 전쟁, 군대(army), 해군(navy), 공군(air force)과 연관되어 사용됩니다.
  예> a military helicopter, military power
  따라서 military man은 '군인'을 의미하겠죠.

- sailor : 배에서 일하는 뱃사람, 선원을 의미합니다. 이 단어와 관련된 재미있는 어휘 하나 소개하면, good sailor는 뱃멀미를 안하는 사람이고 bad sailor는 뱃멀미를 하는 사람을 의미합니다.

- blacksmith : 철제 기구나 편자를 만들고 수선하는 대장장이를 의미합니다. 여기서는 해적의 피가 흐르는 Mr. Turner의 현 직업이기도 합니다.

- make the mistake : 나중에 후회할 어리석고 현명하지 못한 일을 한다는 의미입니다. 따라서 Do not make the mistake of -는 '-에 대해서 후회할 어리석은 짓 하지 말라'는 경고로 사용됩니다.

- who : 앞에 나온 only man을 선행사로 받는 관계대명사로 사용되었습니다. 따라서 who 이하 동사가 cares로 사용되었다는 것을 간과하지 마세요.

■ care for : 무언가가 중요하다고 느끼기 때문에 그것에 대해서 걱정하고 염려한다는 뜻입니다.

▣ 즐겨찾기!

for : purpose
for는 누군가가 어떤 일을 행하는 목적을 나타낼 때 사용될 수 있습니다. 그러나 이러한 의미일 때는 for가 전치사이므로 그 다음에 반드시 명사 형태가 와야 합니다. 예> I stopped at the pub for a smoke. (나는 담배 피려고 술집에서 멈췄다.) She went to the store for some bread.
for가 목적을 나타낼 때는 동사 앞에 위치할 수 없습니다. 어떤 사람의 목적을 나타내는데 동사가 사용되기 위해서는 for 대신 to부정사가 사용됩니다. 예> I stopped at the pub to have a smoke. (.... for having a smoke. ×) 예> She went to the store to buy some bread. : 동사 buy가 쓰였으므로 to 부정사가 사용되었습니다.

간섭하지 마세요.

▣ 클릭! 이럴 때!

자신의 일도 아닌데 지나친 호기심으로 남의 일에 사사건건 관여하는 사람이 있습니다. 정도껏만 관심을 보이면 나에 대한 애정이라고 생각하고 넘기겠지만 나의 사생활을 다 헤집고 끼어들려고 하면 은근히 기분이 언짢아 지잖아요. 상대방이 지나치게 내 일에 관여하려 할 때 간섭하지 말라고 똑 부러지게 경고할 때 어떻게 표현할까요?

Stay out of it.

Stay out of는 어떤 상황이나 일에 관여하지 말라(not get involved)는 의미로 사용됩니다.

stay는 '특정한 위치나 장소에 머무르다'는 뜻이고 out of는 '-을 통하여 밖으로'의 의미이므로 stary out of는 안으로 끼어들지 말고 밖으로 벗어나 있으라는 의미가 됩니다. 결국 특정한 사건이나 일에 관여하거나 간섭하지 말라는 뜻을 나타냅니다.

▣ 영화! 바로가기! : 로얄 테넘바움

로얄씨의 입양된 둘째 딸 마고트는 현재 남편과 별거중입니다. 남편 랠리는 자신의 아내가 순수할 거라고 믿고 있었는데 우연찮게 그녀가 골초이며 방탕한 생활을 했었다는 사실을 알게 됩니다. 너무 분개스러워서 마고트를 찾아가 조용히 따져보지만 그녀는 남편의 충격에 전혀 아랑곳 하지 않습니다. 다음 장면은 멀리서 이를 지켜보던 아버지인 로얄씨가 딸의 남편 대하는 태도를 나무라는 장면입니다.

Royal	:	I don't like the way you're treating Raleigh.
Margot	:	What are you talking about? You don't even know him.
Royal	:	Well, I've met him, and I don't think he deserves...
Margot	:	**Stay out of it.**

로얄	:	너 랠리한테 하는 태도가 영 맘에 안든다.
마고트	:	무슨 말씀하시는 거에요? 랠리를 알지도 못하잖아요.
로얄	:	글쎄, 만난 적은 있어. 그가 그런 대접 받아야 할 것 같지 않거든...
마고트	:	간섭하지 마세요.

- treat : 사람을 다루다, 대우하다.
특정한 방식으로 상대방에게 행동하는 것을 의미합니다.

- what are you talking about? : 상대방이 우둔하고 어이없는 말을 했을 때 또는 이해 안가는 말을 했을 때 되받아치는 말로 사용됩니다.

- I've met him : 현재완료 형태.
현재완료는 have + 과거분사 형태를 취하며 과거의 어느 한 시점부터 시작해서 현재까지의 일을 나타냅니다. 다음 과거시제와 현재완료의 예문을 비교해 보세요.
예> 과거 시제
    Did you see 'Romeo and Juliet'?
    (로미오와 줄리엣 봤니?)
예> 현재 완료 시제
    Have you seen 'Romeo and Juliet'?
    (로미오와 줄리엣 본 적 있니?)

- deserve : '-할 만하다, -할 가치가 있다'는 의미입니다. 좋은 행동이나 또는 나쁜 행동으로 인해 그 행동에 대한 대가나 보상으로 무언가를 받을 만하다 또는 그런 대우를 받을 가치가 있다는 의미입니다.
예> You've been studying all morning

- I think you deserve a rest.
(너 아침 내내 공부했잖아.
- 내 생각에 너는 쉴 자격이 있어.)

▣ 즐겨찾기!

out of +명사/대명사

회화에서는 구어적으로 out of와 out이 함께 사용되고 있습니다. 문어적으로 사용할 때는 out of를 더 자주 사용합니다.
out of 다음에는 명사나 대명사가 온다는 점 알아두세요.

예> Stay out of it.
(stay 동사는 특정한 장소에 계속해서 있는다는 것을 의미하며 그곳을 떠나지 않는다는 것을 나타냅니다.)
(out of 이후에 대명사 it 위치)

예> Stay out of this, Jane, it's none of your business.
(간섭하지마, 제인, 네 일 아니거든.)

out의 경우는 장소를 떠난다는 의미의 부사로도 사용할 수 있습니다.
예> Why don't you go out into the library?
((밖으로 나가서) 도서관 가는게 어때?)

나 얕잡아 보지마.

▣ 클릭! 이럴 때!

주변에 나를 만만하게 보거나 과소평가 하는 사람을 만나면 기분이 좋을 리가 없습니다. 한번쯤 그런 건 참고 넘어가겠는데 지속적으로 나를 무시하는 발언이나 행동을 하게 되면 더 이상 참을 수가 없게 되지요. 나를 얕잡아 보지 말라고 단호하게 경고할 때 어떻게 표현할까요?

Please stop belittling me.

belittle은 상대방이나 사물을 작게 보이게 하거나 중요하지 않게 여기는 것을 의미합니다. 즉 '얕잡아 보다, 하찮게 보다'의 의미입니다.

stop belittling me는 나를 가볍게 보는 상대방에게 자신을 무시하지 말 것을 경고하는 말입니다.

그렇다면 Don't belittle yourself는 어떤 의미가 될까요? 바로 그렇습니다. 자기 자신을 하찮게 보지 말라는 뜻이므로 '자신을 비하하지 마라'는 의미가 됩니다.

▣ 영화! 바로가기! : 로얄 테넘바움

마고트는 별거중이긴 하지만 결혼한 유부녀입니다. 그러나 그녀는 작가로 성공한 엘리와 바람을 피우고 있죠. 엘리는 과거에 마고트에게 잘 보이려고 그녀의 엄마에게 자기 학교 성적표나 자기에 대한 신문 기사를 오려서 보낸 적이 있습니다. 다음 장면은 이 사실을 뒤늦게 알게 된 마고트가 엘리에게 그게 사실인지를 물어보는 장면입니다.

Margot	: Do you send my mother your clippings... and your grades from college?
Eli	: **<u>Please stop belittling me.</u>** You never gave me the time of day till I started getting good reviews.
Margot	: Your reviews aren't that good.

마고트	: 너 우리 엄마한테 신문기사랑 대학 성적표 보냈냐?
엘리	: 나 얕잡아 보지마. 너 내가 좋은 평판 받을 때까지 전혀 시간 내주지도 않았잖아.
마고트	: 니 평판은 나쁘지 않았어.

■ clippings : 신문이나 잡지에서 오려 낸 기사.

■ college : college는 종합대학(university) 이외의 고등 교육 기관을 의미합니다. college는 종합 대학 안의 어느 특정 분야를 전공하는 학부나 학과를 의미하는 경우도 있습니다.

예> He is now a professor at the Royal College of Music.

college에 다닌다고 할 때는 someone is at college라고 표현합니다.

예> She hardly knew Jason at college.
He is at the Royal Naval College.
(그는 해군사관학교를 다닌다.)

■ till : till은 주로 시간에 대해서만 사용됩니다. 장소에 대해서는 up to 나 as far as, to 등이 사용됩니다.

예> It's another two days till the holidays.
(휴일까지 이틀이 남았다.)
I will wait 'til she gets here.
(그녀가 여기 도착할 때까지 기다릴거야.)
She ran up to the edge of the forest.
(그녀는 숲 끝자락까지 달려갔다.)

till과 until은 같은 의미로 사용되며 till은 구어적인 영국식 영어입니다. 미국영어에서는 'til이 구어적인 스펠링으로 자주 사용됩니다.

■ review : 논평, 비평.
새로 출판된 책, 연극이나 영화 또는 배우나 작가 등에 대한 견해를 담은 신문이나 잡지의 기사를 일컫습니다. 여기서는 엘리가 작가로 뜨게 되면서 여러 신문과 잡지 기사가 엘리를 뛰어난 작가로 소개한 것을 의미합니다.

▣ 즐겨찾기!

Stop + -ing / to 부정사
Stop + -ing : stop 다음에 동명사가 오면 동명사 하는 행위를 그만둔다는 의미입니다.
stop + to 부정사 : stop 다음에 to 부정사가 오면 그 의미가 또 완전히 달라집니다. 여기서 to 부정사는 '-하기 위해서' 라는 의미의 부사적 용법을 띄게 됩니다. 따라서 stop + to 부정사는 '-하기 위해서 정지하다'는 의미가 됩니다. 예> He stops smoking. (흡연을 그만둔다, 즉 금연한다.) 예> He stops to smoke. (담배를 피려고 멈춰 섰다.) stop 다음에 동명사가 올 때와 to 부정사가 올 때 그 의미가 확연히 달라지니 이 점을 주의합시다.

▞ 말 함부로 하지마. ▚

▣ 클릭! 이럴 때!

절친한 사이일수록 서로가 서로를 너무 잘 알기 때문에 상대의 결점을 쉽게 비판할 수 있습니다. 평소에 사이가 좋을 때는 아무 것도 문제될 게 없지만 크게 말다툼을 하게 될 경우엔 함부로 말이 튀어나오게 되죠. 상대방의 문제점을 지적하고 잘못된 점을 일일이 분석하여 질책하고 상대방의 성격을 비난하기까지 합니다. 상대방의 비판에 함부로 말하지 말라고 경고할 때는 어떻게 표현할까요?

Don't do your rap on me.

rap은 잘못한 일에 대한 강한 비판이나 질책을 의미합니다. your rap on me는 '나에 대한 너의 강한 비판이나 질책'이라는 뜻이 되겠죠. 따라서 위 표현을 직역하면 '나에게 강한 비판을 하지 마라(나를 심하게 질책하지 마라)'가 됩니다. 상대방이 나의 잘잘못을 따지며 나를 질책하거나 심하게 비난할 경우 함부로 비판하지 말라고 단호하게 말할 때 사용될 수 있습니다.

▣ 영화! 바로가기! : 업사이드 어브 앵거

둘째 딸은 엄마 나이뻘의 직장 상사 셉을 사귀게 되고 엄마는 이를 용납할 수가 없어서 셉의 뺨을 때리고 그를 모욕 줍니다. 한참이 지난 후 우연히 만나게 된 두 사람. 셉은 술 한잔 하며 얘기 나누자고 제안하고 엄마는 그의 제안을 같이 자자는 의미로 이상하게 오해하게 됩니다. 엄마를 사랑하는 데니는 그 사실을 듣고는 당장 셉을 찾아가서 따지게 되고 두 사람은 말다툼을 하게 됩니다.

Shep : This is the problem with being a deviant, everyonc sees you as so one-dimensional. Deny : Don't.. **don't do your rap on me.** I know you. You were hitting on her.

셉 : 상식에서 벗어난다는게 문제야. 모두들 네가 너무 편파적이라고 한다구. 데니 : 말 함부로 하지마. 난 널 알아. 너는 그녀를 희롱한 거라구.

■ problem : problem과 trouble의 미묘한 차이를 짚고 넘어갑시다.
problem은 어려운 상황이나 사건, 어려움에 처한 사람을 나타낼 때 사용됩니다.

trouble은 누군가가 특정한 상황에서 가지게 되는 걱정이나 근심에 대해서 얘기할 때 사용됩니다.

예> There's a problem in the pub.
(맥주가 다 떨어졌다거나 술집의 전등불이 갑자기 꺼지는 것)
There's trouble in the pub.
(술 마시는 사람 간에 싸움이 붙었다는 것)

- deviant : 도덕적으로 용인되지 않는 이상한 행동을 의미하며 또한 상식을 벗어난 행동을 하는 사람을 일컫습니다.

- everyone sees- : every는 바로 뒤에 항상 단수명사를 동반하며 동사 또한 단수가 됩니다. 본문의 everyone sees you.... 에서 동사 see에-s가 붙은 이유입니다.

  every 다음에 명사가 여러 개 열거되어도 동사는 단수 처리합니다.

  예> Every man, woman, child has listened his every word.

- one-dimensional : '1차원의, 깊이가 없는'
  여기서는 사람 인격이나 성격의 일면을 의미합니다. 상대방이 너무 한쪽으로 몰린 성격, 즉

편협적이고 편파적이라는 것을 표현하는데 사용되었습니다.

- hit on : 상대방이 성적으로 매력이 있고 성적으로 끌린다는 것을 나타낼 때 사용됩니다.

▣ 즐겨찾기!

on / upon

on과 upon은 같은 뜻으로써 거의 모든 경우 둘 다 사용할 수 있지만 on이 대체적으로 구어적으로 사용됩니다. 그러나 동사 다음에 쓰일 경우에는 특히 upon은 문장 끝에 쓰이는 일이 많습니다.

예> There is not a chair to sit upon.
(앉을 의자가 하나도 없다.)

몇 개의 정해져 있는 어구나 지명중에는 on 또는 upon 중 한 가지로 고정된 표현이 있으니 별도로 알아두셔야 합니다.

예> once upon a time (옛날 옛적에)
upon my word (맹세코)
on hand (수중에 가진)
on all account (모든 점에서)

▪ 사고 좀 치지마. ▪

▣ 클릭! 이럴 때!

무슨 일을 할 때마다 끊임없이 불화를 만들고 사건을 일으키는 사고뭉치가 있습니다. 그런 사고뭉치 옆에서 늘 뒷치닥 거리를 해주다 보면 언제 어느 때 사고를 칠지 몰라 걱정부터 앞서게 됩니다. 사고뭉치가 어딜 간다고 하거나 무슨 일을 해보겠다고 나서면 제발 이번만은 사고치지 말라고 통사정을 하게 됩니다. 사고치지 말라는 경고는 어떻게 표현할까요?

Just stay out of trouble.

Just가 명령문과 함께 쓰이면 '좀, 제발'의 의미로 쓰이며 상대방에게 무언가를 하라고 단호하게 말할 때 사용됩니다.

stay out of는 관여되거나 연루되지 않는다는 (not get involved) 의미의 구어적인 표현입니다. trouble는 '불화, 사건, 두통거리, 시끄러운 일'을 의미하므로 stay out of trouble는 사고나 불미스러운 일에 관련되지 말라는 의미가 됩니다.

▣ 영화! 바로가기! : 언더클래스맨

엘리트 사립 고등학교에서 살인 사건이 발생하고 LA 흑인 경찰인 트레이시가 이번 사건을 맡아 고등학교에 투입되게 됩니다. 반장님은 사건 막판에 늘 사고를 치는 트레이시가 영 미덥지 않습니다. 고등학교로 잠복근무를 내보내기 전날, 반장님은 트레이시를 붙잡고서 잔소리를 섞어가며 이것저것 신신당부를 합니다.

Delgado :	You come up with any leads, any leads, you report them to Brooks and Gallecki. They're your backup, OK? Check in with them every day. Twice a day. Look, **just stay out of trouble** on this one.

델가도 :	단서가 잡히면 말이야, 어떤 단서라도, 브룩스랑 갈렉시한테 보고해. 얘네들은 너의 원군이야, 알겠어? 매일 연락하라고. 하루에 두 번씩. 그리고, 이번에는 제발 사고 좀 치지마.

■ come up with : 아이디어나 계획, 해답 등을 생각해 낸다는 것을 의미하며 여기서는 실마리나 해답을 찾아낸다는 의미로 쓰였습니다.

- lead : '실마리, 단서'의 의미입니다.
  문제에 대한 답을 찾는데 도움이 되는 정보를 뜻합니다.

- report : 최근의 사건에 대해서 정보를 준다는 의미입니다. 또한 사고나 범죄가 발생했다는 것을 경찰이나 관계 당국에 말해준다는 의미도 있습니다. report something to-의 형태로 자주 사용됩니다.

- any leads, you report them to .... : 이 문장에서 them은 leads를 의미합니다.

- backup : 필요할 때 도움을 주거나 후원해 주는 사람이나 사물을 의미합니다.

- check in with them : 여기서 check in은 check과 같은 의미로 사용되었으며 them은 Brooks와 Gallecki을 지칭합니다.

- every day : 여기서 every는 day를 수식하는 형용사로 사용되었습니다.

- twice a day : 하루에 두 번.

- Look : 무언가를 말하기 전에 상대방의 주의를 끌기 위해서 사용하는 단어입니다.

▣ 즐겨찾기!

Stay - : 명령문

명령문은 상대방에게 지시를 하거나 명령을 하는 문장으로써 동사원형을 문두에 내세운다는 것이 특징입니다.

예> Let's go to the library.
Stay out of trouble.

명령문의 간접화법 : 명령문을 간접화법으로 변환할 때 전달 동사로는 일반적으로 tell 동사를 사용합니다. 그러나 의미에 따라서 전달 동사로 beg, ask, advise, command, forbid 등을 사용하기도 합니다.

예> The teacher says, "Boys, be quite!!"
= The teacher tells the boys to be quite.

예> The teacher said to me "Please go to the park."
= The teacher asked me to go to the park.

please를 사용한 명령문은 간접화법으로 바꿀 때 전달 동사를 반드시 ask나 beg를 사용합니다.

Mocking

- 넌 항상 좀 애 늙은이 같았어.
- 너랑은 노는 물이 좀 달라.
- 너 또 오바한다.
- 너 참 특이하다.
- 힘내라고 해 주면 어디가 덧나냐?
- 기 좀 그만 살려?!
- 너 딱 찍혔어.
- 너 불같이 화만 냈잖아.
- 깡다구 세네.
- 지금 그만 거 눈에 안들어와.

넌 항상 좀 애 늙은이 같았어.

▣ 클릭! 이럴 때!

애인과 헤어져서 펑펑 울고 있는데, 6살짜리 조카가 와서는 위로해 준답시고 '세월이 약이여?!'라고 합니다. 나이로 보나 외모로 보나 겉모양은 어린데 생각하거나 말하는 것이 완전 나이 먹은 어른 같은 성숙한 아이가 있습니다. 이런 아이를 '애 어른, 애 늙은이'라고 하죠. 이 기가 막힌 말을 어떻게 표현할까요?

You were always kinda like an old young guy.

kinda는 kind of의 줄임말이고, '약간, 조금(slightly), 어떤 식으로는(in some way)'을 의미합니다. 또한 무언가를 설명할 때 그 세부사항까지 자세하게 설명하지 못할 때 사용되기도 하죠.

old young guy는 직역하면 '늙은 젊은 애'가 되잖아요. 우리말에 '애 늙은이' 라는 말이 있는데 딱 그 표현입니다. 그래서 위 표현은 나이에 비해 조숙하거나 성숙하다는 것을 표현할 때 쓰일 수 있겠죠.

▣ 영화! 바로가기! : 폴리와 함께

소심한 루벤은 친구따라 우연히 들른 파티장에서 중학교 동창인 폴리를 만나게 됩니다. 학교 다닐 때는 공부 잘하는 얌전한 폴리였는데 지금 그녀는 문신을 하고 살사 춤을 즐기며 매우 자유롭게 사는 여자로 변해 있습니다. 자신과는 너무 다른 그녀에게 호감을 느낀 루벤은 바로 데이트 신청을 하죠. 다음은 첫 데이트 때 폴리가 수다 떠는 장면입니다.

Polly : I can't believe you're not married. I mean, even when we were kids, I always saw you as that guy that would settle down at a young age, you know? **You were always kinda like an old young guy.**

폴리 : 네가 아직 결혼을 안했다니 놀랍다야. 그러니깐, 넌 애였을 때도 젊은 나이에 금새 안정을 찾을 거 같은 그런 애로 보였거든, 그치? 넌 항상 좀 애 늙은이 같았잖아.

- I can't believe- : 어떤 사실에 매우 놀랐거나 충격 받았다는 것을 나타낼 때 쓰입니다.

- you're not married : marry 동사의 문법에 대해서 잠깐 살펴볼게요. marry someone 또는 get/are married to someone의 형태로 쓰입니다. 또한 marry 보다는 get married 형태가 훨씬 구어적이고 훨씬 일반적으로 사용됩니다.

- I mean : '즉, 그러니깐 내 말은'의 뜻이며 자신이 방금 한 말을 정당화시키기 위해서 설명을 덧붙일 때 사용됩니다.

- settle down : 오랜 여행이나 방랑 끝에 한 곳에 정착해서 안정한다는 의미입니다.

- I always saw you as that guy that would settle down at a young age : that guy는 '그런 애, 그런 사람' 이라는 의미이고 여기서 that은 지시사로 사용되었습니다. 그 뒤에 바로 나오는 that은 guy를 선행사로 하는 관계대명사입니다. 그래서 that 이하는 바로 that guy에 대해서 설명하는 내용입니다. 맨 마지막의 at a young age는 '젊은 나이에' 라는 뜻입니다.

위 문장을 살펴보면 '나는 항상 너를 젊은 나이에 안정을 찾는 그런 애로 봤거든' 이라는 의미가 됩니다.

- you know : 자신이 말한 것을 강조하거나 다른 사람의 주의를 끌기 위해서 사용합니다.

▣ 즐겨찾기!

always : 빈도 부사

빈도나 정도를 나타내는 부사로서 almost, often, sometimes, hardly/rarely/seldom, usually 등의 부사가 대표적입니다.
이러한 빈도 부사는 조동사나 be동사의 뒤에 위치하며 일반 동사 앞에 위치하게 됩니다.

예> I'll always love you. (일반 동사 앞)
예> My answer is almost correct. (be동사 뒤)
예> She's so tired that she can hardly walk. (조동사 뒤)
(그녀는 너무 피곤해서 거의 걸을 수가 없었다.)
예> We often spent Thanksgiving day in Seoul. (일반 동사 앞)
예> She slept, as she usually did, in the livingroom. (일반 동사 앞)

너랑은 노는 물이 좀 달라.

▣ 클릭! 이럴 때!

공부는 완전 뒷전이고 여자만 졸졸 쫓아다니는 최고의 바람둥이가 어느 날 사는 방식도 확연히 다른 학교 최고의 모범생 여학생에게 반했습니다. 그러면 주변 친구들은 '꿈 깨라, 걔는 너랑은 노는 물이 달라' 라고 충고해 줍니다. 이렇게 노는 물이 다르다, 즉 전혀 같은 부류가 아니라는 것을 어떻게 표현할까요?

She's a little out of your league.

league는 어떤 목적이 같거나 정치적 신념이 같아서 함께 모이는 사람들 집단을 의미하며 '동질의 그룹, 동질의 한패'라는 뜻으로 이해하면 됩니다. 따라서 out of a person's league는 '같은 부류 외로, 같은 수준이나 계급이 아닌' 이라는 의미가 되겠죠. 즉 동질의 한패가 아니라는 뜻입니다.

She's a little out of your league는 '그녀는 다소 너랑 같은 부류가 아니다' 소위 노는 물이 조금 다르다는 의미가 됩니다.

▣ 영화! 바로가기! : 사랑보다 아름다운 유혹

세바스찬은 자신의 바람둥이 기질을 치료받기 위해 정신과 상담을 받습니다. 상담이 끝난 후 사무실을 떠나기 직전, 세바스찬은 정신과 상담가인 레지나의 책상위에서 그녀 딸의 사진을 발견하고 관심을 가지게 되죠. 레지나는 자신의 딸을 한껏 자랑하면서도 세바스찬이 혹여나 넘볼까봐 자신의 딸은 넘보지 못할 아이라는 것을 확실하게 말해 둡니다.

Regina	: Straight-A student, exceptionally rounded young woman. She'll attend Princeton this fall.
Sebastian	: Wow! Now this is exactly the type of girl I should be with.
Regina	: **She's a little out of your league**. No offense.

레지나 :	내 딸은 올 A학점에, 보기 드물게 다재다능한 젊은 애지. 올 가을에 프린스턴 대학에 진학할거란다.
세바스찬 :	이야! 내가 같이 있어야 되는 딱 그런 타입의 여잔데요.
레지나 :	얘는 너랑은 노는 물이 좀 달라. 나쁜 뜻으로 말한 것은 아니란다.

- straight-A : straight는 '연속된, 끊이지 않는' 이라는 뜻입니다. 이것이 성적과 연관되어 straight-A라고 쓰이면 학업성적이 전 과목 A 학점이라는 것을 나타냅니다.

- exceptionally : 예외적으로, 보통이 아니게, 특별히, 대단히. 어떤 특성을 강조하여 기술하거나 그 특성을 강조하여 말로 설명할 때 사용되는 부사입니다.

- rounded : 풍부한 재능이 있는, 원만한.
완비된 다양한 교육이나 폭 넓은 다양한 경험을 표현할 때 사용됩니다.

- Princeton : 미국 뉴저지주(州) 프린스턴 지역에 위치한 사립 종합대학입니다. US뉴스와 월드 리포트지의 '2000년 대학랭킹' 특집호에서 최우수대학으로 선정된 바 있습니다. 이 대학 출신의 졸업생이나 교수 중 노벨상을 수상한 사람은 평화상부터 화학상, 경제학상, 문학상 등 총 31명에 이릅니다.

- this fall : 올 가을. '현재의' 라는 의미로 this가 사용됩니다.
예> this year, this week, this morning

- .... the type of girl I should be with : I should be with 앞에는 관계대명사 who가 생략되었습니다. 선행사는 girl 이며 이것은 전치사 with의 목적어입니다.

- no offense : 상대방에게 어떤 말을 해 놓고 그 말로 상대방을 기분 상하게 하거나 화나게 하려고 한 것이 아니라는 것을 밝힐 때 사용됩니다. 나쁜 뜻으로 말한 것은 아니니 기분나쁘게 생각하지 말라는 의미가 됩니다.

▣ 즐겨찾기!

out of 의미
어떤 장소에 들어가지 못하거나 어떤 부류에 끼도록 허락받지 못했다는 것을 나타냅니다. 또한 사람이나 사물이 어딘가에 포함되지 않았다는 것을 나타내기도 합니다. out of 뒤에는 반드시 명사 형태가 와야 합니다. 예> He left out of the team due to injury. (그는 부상 때문에 팀을 떠났다.)
보통 전치사 into의 반대 의미로도 사용됩니다. 예> I walked out of the room. I walked out the room. (×) I walked out from the room. (×)

너 또 오바한다.

▣ 클릭! 이럴 때!

너무 즐겁고 좋은 일이 생기면 많은 사람들은 들뜬 기분에 행동이나 말을 오바해서 하게 됩니다. 남들 들어가기 어려운 직장에 1등으로 입사를 하게 된 경우, 술집에서 한잔하며 술김에 그곳에 있는 모든 사람들에게 술을 사겠다고 마구 나설 수도 있죠. 그러면 주변 동료들은 오바하지 말라고 말리게 됩니다. 상대방이 너무 흥분해서 오바할 때 침착하게 말릴 수 있는 표현을 알아봅시다.

You are crossing the sharing boundary again.

the sharing boundary는 너와 내가 함께 공유하고 있는 경계나 한계선을 의미하며 여기서는 도덕적, 상식적으로 서로 알고 있고 또 서로 지키는 상식선을 뜻합니다. 이 어휘 앞에 cross가 붙으면 그 상식적인 한계선을 넘는다는 것이 되지요. 그래서 본 표현은 상대방이 상식적으로 해서는 안되는 말이나 행위를 했을 때 그것에 대해 경고해 줄 때 사용할 수 있습니다.

▣ 영화! 바로가기! : 헤드 오버 힐스

박물관에서 일하는 아만다는 르네상스 시대의 미술 작품을 복원하는 일을 하고 있습니다. 그래서 늘 르네상스 시대에 푹 빠져 살죠. 같은 직장 동료인 리사는 어느날 너무나도 멋지고 섹시한 여인의 조각상을 보고는 흥분하고 난리가 났습니다. 다음은 그런 리사를 아만다가 진정시키는 장면입니다.

Lissa	: She is so sweet, and I swear I'm gonna be getting all up in there...
Amanda	: Lisa, **<u>you are crossing the sharing boundary again.</u>**
Lissa	: But seriously, we have to put in for transfers. Renaissance is a dead end.

리사	: 그 여인의 조각상은 정말 멋져. 내 맹세코 이거에 대해 다 알아낼거야.
아만다	: 리사, 너 또 오바한다.
리사	: 그런데 농담이 아니라, 우리는 전근을 신청해야 한다니까. 르네상스는 이제 끝났어.

■ she : 여기서는 매력적인 여인의 조각상을 지칭합니다.

- I swear : 매우 진지하게 무언가를 약속한다거나 자신이 말한 것이 진짜 사실이라는 것을 밝히고 싶을 때 사용됩니다. swear that-의 형태로 쓰이며 that은 종종 생략됩니다.

- be up in : 무언가에 대해서 많이 안다는 뜻입니다. 즉 '-에 정통하다, -에 밝다'의 의미입니다. 여기서는 be getting up in을 사용해서 현재 -에 대해서 정통한 것이 아니라 정통해 갈 거라는 것을 표현하고 있습니다.

- seriously : 말하다가 그 다음에 이어서 할 말이 장난이나 농담이 아니라는 것을 보여줄 때 사용되며 문장 전체를 수식하는 부사의 기능을 합니다.

- put in for : 무언가를 공식적으로 요청한다는 의미입니다.

  예> It's time you put in for a pay increase.
  (봉급 인상을 신청할 때야.)

- transfer : 다른 부서나 다른 직장으로의 이동을 의미합니다.

- Renaissance : 14-16세기에 서유럽 문명에 나타난 문화운동입니다. 르네상스는 '부활, 재생'

이라는 의미인데 고대 그리스와 로마의 문화를 부흥시켜서 새로운 문화를 창출하고자 한 문예 부흥 운동입니다.

- a dead end : 더 이상 진보나 발전이 불가능한 상황을 나타낼 때 쓰입니다. 봉급도 낮고 진급할 기회도 없는 직장이나 직업을 표현하려면 dead-end job이라고 하면 되겠죠.

▣ 즐겨찾기!

be+-ing : 진행형
be+-ing은 단순하게 사건의 시간을 나타내는 것이 아니라 지속적인 진행의 상태를 보여줍니다. 또한 짧은 순간의 행동이 반복적으로 진행된다는 것을 나타낼 때도 사용될 수 있습니다. 예> Why is she jumping up and down?
believe, love, wish, realize, know, happy 등과 같이 감정적 상태를 나타내는 동사들, seem, sound, see, hear, taste와 같은 지각동사들은 특정한 의미로 쓰일 때 가끔 진행형이 사용되지 않을 수도 있습니다. 예> I'm happy that you have succeeded. I'm being happy that - (×) Why is she smelling the meat? Is it bad? Does the meat smell bad? (○) Is the meat smelling bad? (×)

너 참 특이하다.

▣ 클릭! 이럴 때!

보통 사람과는 너무 다른 사고방식을 가지고 있거나 매우 유별난 행동을 하는 사람을 보면 참 특이하다고 하죠. 밥을 먹는데 콜라에 말아먹는다거나 남자가 머리를 길러서 파마를 하고 다니면 조금 이상하다거나 유별나다는 얘기를 듣게 됩니다. 이렇게 보통사람들과 너무 다르게 행동하거나 생각하는 사람에게 '너 참 특이하다'고 말할 때 어떻게 할까요?

You're an odd bird.

odd는 '이상한, 기묘한, 색다른'의 의미이며 정상적인 것과 다르거나 기대한 것과는 다르다는 것을 나타냅니다. bird는 특별한 유형의 사람, 특히 유별나고 색다른 사람을 표현하는 단어입니다. 따라서 본 표현은 보통 사람과 다르게 행동하거나 독특한 사고방식을 지닌 사람에게 너 '참 특이하다' 라는 표현으로 사용할 수 있습니다.

▣ 영화! 바로가기! : 헤드 오버 힐스

아만다는 동거하는 남자친구의 바람피는 장면을 목격해 버립니다. 그와 헤어지고 저렴한 월세방을 찾다가 늘씬한 4명의 미녀 모델들과 같이 살게 되죠. 어느 날 3명의 모델들은 모두 외출을 하고, 귓불을 수술했는데 짝짝이라 외출을 못한다는 캔디만 집에 남아 있습니다. 다음은 리사가 캔디에게 자신의 미인관을 피력하는 장면입니다.

Lisa :	You know, Candi, some of the really great faces aren't necessarily symmetrical. Yeah, the beauty's often in the flaws.
Candi :	**You're an odd bird**, you know that?

리사 :	있잖아, 캔디, 얼굴이 끝내주게 이쁜데 대칭으로 균형까지 잡을 필요는 없는 거야. 그래, 아름다움에도 가끔은 결점이 있는거야.
캔디 :	너 참 특이하다, 그거 알아?

- you know : 무언가에 대해서 말하기 시작하거나 상대방이 주의 깊게 듣도록 주의를 끌기 위해서 사용됩니다.

- some of : some+복수명사/셀 수 없는 명사는 불명확한 수나 양을 나타냅니다.

  예> I've planted some roses in the garden.
  He likes some classical music.

  관사, 지시사, 소유격과 같은 한정사나 대명사 앞에서는 반드시 some of를 사용합니다.

  예> He's coming to some of the concert with her.
  Some of this money is mine.
  some of my friends / some of them

- symmetrical : 무언가를 반으로 나눴을 때 나눠진 두 조각이 정확하게 똑같은 모양에, 똑같은 크기일 때를 표현하는 단어이며 '대칭의, 균형 잡힌'으로 해석됩니다.

- often : 다른 경우에 빈번히 일어난다는 것을 표현할 때 쓰입니다. 같은 경우에 빈번히 발생한다는 것을 나타낼 때는 several times나 frequently를 사용합니다.

  예> She often fell in love when she was younger.

예> She fell several times yesterday when she was running.

■ flaw : 무언가를 불완전하게 만드는 '결점, 흠, 결함'을 의미합니다.

▣ 즐겨찾기!

a와 an : 관사
자음으로 시작되는 말 앞에서는 a, 모음으로 시작되는 말 앞에서는 an이 사용된다는 것은 누구나 아는 사실이지요. 여기서는 예외적인 사실을 좀 살펴볼까요?! 예> a university a European 이 단어들은 u와 e라는 모음으로 시작되어서 an이 붙어야 된다고 생각되지만 실제 발음은 각각 'yuniversity', 'yuropean'으로 발음되기 때문에 a가 붙습니다.
직업을 나타낼 때는 직업 명 앞에 부정관사를 사용합니다. 예> He is a dentist. I am an engineer. Mozart is a great composer.

힘내라고 해 주면 어디가 덧나냐?

▣ 클릭! 이럴 때!

주변이 탐탁치 않아 하는 일을 하려고 한다거나 그들이 반대하는 일을 하면 주변 어른들은 야단을 칩니다. 그럴 때일수록 더 힘내서 잘하라고 격려해 주면 좋으련만, 비난과 반대뿐이라 서운할 때가 있죠. 잘하라고 해주면 어디가 덧나나 라는 뽀로통한 생각도 들고요. 이런 생각을 어떻게 표현할까요?

Would it kill you to be supportive?

kill에는 누군가를 극도로 피곤하고 불행하게 느끼도록 만든다는 의미가 있습니다. supportive는 어려운 상황에 있는 누군가에게 도움을 주거나 용기를 북돋아 준다는 의미로써 '지지하는, 편드는'으로 해석됩니다.

위 문장에서 it은 가주어이고 to-이하가 진주어이므로 직역하면 '(나를) 지지해 주는 것이 너를 죽이는 건가?'가 됩니다. 따라서 소위 우리말로 힘내라고 격려해주거나 편들어 주면 어디가 덧나냐 라는 의미가 됩니다.

▣ 영화! 바로가기! : 당신이 그녀라면

자유분방하고 섹시한 매기는 술에 취해 늘 사고만 치고, 똑똑한 변호사인 언니 로즈는 항상 동생의 사고를 뒷수습 해왔습니다. 어느 날 매기는 말없이 집을 나가서 MTV VJ 선발대회에 출전하려고 하죠. 매기는 대회 몇 분전에 언니한테 전화해서 자랑하지만, 언니 로즈는 동생이 또 어떤 사고를 칠까 싶어서 계속 비꼬기만 합니다.

Maggie :	Out of curiosity, how much did it cost you to get up there?
Rose :	Who cares? I'll make it back.
Maggie :	Oh, right, when MTV hires you and makes you a great big star.
Rose :	**Would it kill you to be supportive?**

매기 :	그냥 호기심에 하는 말인데, 거기 가는데 얼마 들었냐
로즈 :	알게 뭐야? 다시 벌면 되지.
매기 :	오, 그래, 니가 MTV에 취직해서 빅스타가 되고나서 말이냐?!
로즈 :	힘내라고 해주면 어디가 덧나냐?

■ out of curiosity : curiosity는 '호기심' 이라는 의미로 무언가에 대해서 알고 싶어 하는 욕망을 가리킵니다.

out of curiosity는 from curiosity의 의미로 호기심에서 무언가를 물어본다고 할 때 사용됩니다.

- cost : 얼마의 비용이 들다. cost는 자동사이기 때문에 수동태가 없습니다. 무언가에 대해서 지불해야 하는 비용이 얼마인지를 물을 때는 How much did it cost?의 형태로 쓰입니다. 또한 비용이 많이 들었다는 것을 표현할 때는 cost a lot이라고 하지 cost expensive는 사용하지 않습니다.

- get up there : get에는 어딘가에 도착하다는 의미가 있습니다. '-에 도착하다'는 'get up to+장소'의 형태로 자주 사용됩니다. 여기서는 'to+장소' 자리에 there가 와서 거기에 도착하다는 의미로 사용되었습니다.

- who cares? : 어떤 일이 중요하지 않기 때문에 신경 쓰거나 걱정하지 않는다는 것을 나타냅니다. 우리말로 '알게 뭐야?, 누가 신경이나 쓰겠어?'의 의미로 이해하면 됩니다.

- make it back : 여기서 it은 다른 장소로 이동하는데 지출한 비용을 나타냅니다. 본 표현은 지출한 비용만큼 도로 벌겠다는 의미로 사용되었습니다.

- MTV : Music Television의 줄임말 입니다. 인기 가수나 그룹의 뮤직 비디오를 방영하는 미국의 사설 방송으로 케이블 TV에서 24시간 방영됩니다. 우리나라에서도 MTV Korea가 있습니다.

- hire : 고용하다(employ). 영국영어에서 hire는 특정한 목적으로 단기간 동안 사람을 채용한다는 의미입니다. 반면에 employ는 직원을 고용해서 그들에게 지책을 부여한다는 의미까지 포함됩니다.

▣ 즐겨찾기!

would : 조동사
would는 will의 과거형으로 의문문과 부정문에서 do 동사 없이 사용됩니다. would는 조동사이므로 뒤에 반드시 동사원형이 오게 됩니다. would는 will의 부드러운 표현(softer form)으로써 정중하고 예의바른 요구나 제안을 할 때도 사용됩니다. 예> Would you open the window, please? I'd like to speak to Jason for a moment, please. (I'd는 I would의 축약형 입니다.) Would you mind shutting the door?

기 좀 그만 살려?!

▣ 클릭! 이럴 때!

할아버지와 할머니에게 손자, 손녀는 이쁘기 그지없죠. 어떤 버릇없는 행동을 해도 내 손자, 손녀가 최고라고 합니다. 그러나 너무 오냐오냐 하며 치켜세우면 버릇이 나빠질까 은근히 걱정도 됩니다. 상대방을 무조건 잘났다고, 최고라고 치켜세우며 기를 한껏 살려줄 때 이를 저지할 수 있는 표현을 알아봅시다.

Would you stop feeding her perfectionism?

feed의 자주 쓰이는 뜻은 '어린이나 동물에게 젖이나 먹을 것을 주다, 재료나 연료를 공급하다'는 뜻입니다. 무언가를 계속 공급하고 주게 되면 결국 무언가를 부추기는 결과를 낳게 되죠?! 그래서 여기서 feed는 '부채질하다, 돋우다'는 의미로 사용되었습니다.

perfectionism의 뜻은 완벽주의. 일이나 상황이 완전히 완벽하지 않으면 그 어떤 것에도 만족하지 못하는 성격이나 그 성향을 의미합니다. 완벽주의자는 perfectionist라고 하면 됩니다.

본 문장을 직역하면 '그녀의 완벽주의를 부채질 하는걸 그만 좀 할래요?'가 됩니다. 완벽주의를 계속 부채질 하는 거니까 상대방을 계속 치켜세워서 기를 살린다는 의미인데 여기에 stop이 붙었으므로 결국 '그만 좀 치켜세우라, 즉, 기 좀 그만 살려라'는 뜻이 됩니다.

▣ 영화! 바로가기! : 이브의 아름다운 키스

헬렌은 서른을 바라보는 나이에도 아직 짝을 만나지 못해 늘 엄마의 잔소리에 시달립니다. 헬렌이 엄마와 할머니를 모시고 교회에 나간 날, 엄마는 여지없이 옆 좌석에 앉아있는 남자를 헬렌에게 눈여겨보라며 살짝 소개해 주죠. 옆에서 듣고 있던 할머니는 자신의 손녀딸 헬렌이 아깝다며 그녀를 두둔하고 할머니와 엄마 간에 한바탕 논쟁이 벌어지게 됩니다.

Grandmother : She could do better.
She could! You could do better.
Mom : Mother, **would you stop feeding her perfectionism?**
You did the same thing with Larry.
Mom : I didn't like him either.

할머니	: 얘는 더 잘할 수 있다. 더 잘할 수 있다고! 너는 더 잘할 수 있단다.
엄마	: 엄마, 헬렌 기 좀 그만 살리실래요? 래리 때도 똑같이 그랬잖아요.
할머니	: 나는 그놈도 별로였다구.

- You could do better : 할머니가 손녀딸에게 하는 말로써, '너는 더 잘 할 수 있다'라는 것은 '훨씬 더 좋은 남자를 만날 수 있다'는 것을 의미합니다. 소개받는 남자에 비해 자신의 손녀딸이 아깝다며 하는 말입니다.

- the same thing : same 앞에는 보통 the를 덧붙여서 사용합니다. 따라서 명사와 대명사 앞에서는 the same이 쓰입니다.

  예> I've got <u>the same</u> idea as you.
  (나는 너와 같은 생각이다.)

  내가 너와 같은 생각을 가졌다는 것을 표현할 때 the same 이라고 쓰지 my same idea라고 하지 않는다는 점에 유의하세요.

- You did the same thing with Larry : 래리에게도 똑같은 짓을 했다는 뜻입니다. 여기서는 엄마가 헬렌에게 멋진 남자를 소개시키는데 옆에서 할머니가 계속 반대합니다. 그러자 엄마가 발끈해서 할머니한테 래리 라는 남자를 소

개시킬 때도 반대하더니 이번에는 왜 또 그러냐며 따지듯이 말하는 대사입니다.

■ either : 부정문에서 '-도 또한(아니다, 않다)'의 의미를 지니며 긍정문에서의 too나 also와 같은 역할을 합니다. 부정문에서 not - either의 형태는 neither와 같은 뜻이 되지만 전자가 훨씬 일반적으로 자주 사용됩니다.

예> She isn't coming either.
(그녀도 (또한) 오지 않는다.)

▣ 즐겨찾기!

Would you ~?
공손하게 무언가를 요청할 때 사용됩니다. 또한 공손하고 예의바르게 무언가를 제안할 때도 사용될 수 있습니다. Would you~ 다음에는 동사 원형이 온다는 사실을 알아두세요. 예> Would you shut the window please? (창문 좀 닫아줄래요?) : Would you 다음에 동사 원형 shut 위치 예> Would you mind if I asked a question? (질문 하나 해도 될까요?) : Would you 다음에 동사 원형 mind 위치 예> Would you tell me what to do? (무엇을 해야 할지 말해 주시겠습니까?) : Would you 다음에 동사 원형 tell 위치

▪ 너 딱 찍혔어. ▪

▣ 클릭! 이럴 때!

상대방의 행동이나 말이 도가 지나쳐서 내 신경을 건드리거나 너무 마음에 안들 때가 가끔 있습니다. 상대방에게 말이나 행동거지를 조심하라고 경고할 때 '너 (나한테) 딱 찍혔어' 라는 표현을 종종 쓰곤 합니다. 나한테 찍혔으니 이제 내 앞에서는 조심하라는 의미가 들어가는 거죠. 다소 위압적일 수 있는 이런 경고성 발언을 어떻게 표현할까요?

You are on the list.

list는 '목록, 표, 명세서'의 의미로써 단어나 숫자가 일렬로 정렬되어 있어서 기억하기에 용이하게 만들어진 것입니다. 예를 들어 a shopping list 라고 하면 쇼핑할 때 사야할 물건 항목들을 차례로 정렬해 놓은 목록을 의미하겠죠.

on the list는 '명부에 기입되어, 목록에 올라'의 의미입니다. You are on the list 라고 하면 맘에 안 드는 사람을 목록에 적어 놓았는데 상대방이 그 목록에 올랐다는 뜻이 됩니다. 나에게 찍혀서 내 목록에 기입되었으니 조심하라는 의미로 사용될 수 있습니다.

참고로, at the top of the list 하면 목록의 맨 위에 있는 것이므로 가장 중요하다는 의미를 나타냅니다. 반대로 at the bottom of the list 하면 목록의 맨 하단에 있는 것이므로 가장 덜 중요한 것을 나타낼 때 사용됩니다.

마지막으로 on the danger list 라는 표현도 있습니다. the danger list는 '중증 입원 환자 명부' 라는 의미입니다. 그러니 위험한 목록이 되겠지요. 따라서 on the danger list 라고 하면 너무 아파서 죽을 수도 있다는 것을 나타낼 때 사용됩니다.

▣ 영화! 바로가기! : 리지 맥과이어

고등학교 입학 전 로마 답사를 간 리지와 학교 친구들. 그곳에서 리지는 이탈리아 최고의 팝가수 파올로를 만나게 되고 선생님 몰래 그와 데이트를 하게 됩니다. 리지의 제일 친한 친구인 고든은 답사버스를 타고 가던 중 창문 너머로 리지와 파올로를 발견하게 되죠. 놀란 고든은 선생님의 주의를 딴 데로 끌기 위해 선생님께 일부러 횡설수설 대기 시작합니다.

Gorden : While in Rome, we should be exposed to as much Renaissance, Raphaelite work typified by chiaroscuro....

Teacher : Gordon, **you are on the list,** and the list is not a place you want to be.

고든 : 우리가 로마에 왔으면요, 르네상스를 많이 알아가야 되잖아요. 명암 대조법으로 대표되는 라파엘 학파의 작품이나...

선생님 : 고든, 너 (나한테) 딱 찍혔다.
그리고 너도 찍히고 싶진 않을텐데.

- while : '-하는 동안'의 의미입니다. while 다음에는 주어+동사 형식의 절이 와야 합니다. 따라서 while (we are) in Rome에서는 we are이 생략된 것이며 '우리가 로마에 있는 동안'의 의미가 됩니다.

- expose : '노출시키다, 환경 따위에 접하게 하다'의 의미입니다. be exposed to-는 수동태 구문이며 '-에 노출되다, -에 접하게 되다'의 의미가 됩니다.

  예> She had not been exposed to most diseases common to rural populations.

(그녀는 시골사람들에게는 일반적인 대부분의 질병에 노출되지 않았습니다.)

- Renaissance : 이 단어 자체는 '문예나 종교등의 부활, 부흥, 신생'을 의미합니다.
  14세기 후반부터 16세기에 걸쳐 이탈리아를 중심으로 유럽 전역에 나타난 문화 운동입니다. 고대 로마와 그리스 문화를 다시 부활시키고 부흥시켜서 새로운 문화를 창출해 내고자 했던 운동으로 그 범위는 사상, 건축, 미술, 문학 등 다방면에 걸친 것입니다. 중세시대 교회가 신의 권위만을 지나치게 강조한 나머지 인간성이 짓눌리던 시기가 있었습니다. 이 이후에 일어난 르네상스 운동은 전통 문화를 부활시킴과 동시에 짓눌렸던 인간성의 부활이라는 큰 의미가 함께 담겨 있습니다. 이런 이유로 르네상스 문화를 인본주의 문화 또는 인간중심의 사상이라고 합니다. 르네상스 시대 미술은 원급법이나 명암법과 같은 독창적인 화법이 선보였고 레오나르도 다빈치, 라파엘로, 미켈란젤로, 보티첼리 등의 등장으로 이 시대 미술의 황금기를 이루게 됩니다.

- Raphaelite work : 라파엘로(Raffaello)는 레오나르도 다빈치, 미켈란 젤로와 함께 르네상스 시대를 대표하는 3대 거장 중의 한 명입니다.

바티칸 궁전의 벽화로 <아테네 학당>이 유명합니다. 짧은 생애동안 많은 걸작을 남겼으며, 그가 미술사에 끼친 영향은 지대하여 19세기 전반까지 고전적 규범으로 받아들여졌다고 합니다.

- typify : '대표하다, 전형이 되다, 상징하다'의 의미입니다. typified by- 형태이므로 수동태로 사용되었으며 '-으로 대표되는, -의 전형이 되는'의 의미가 됩니다.

- chiaroscuro : '명암대조법, 명암의 배합' 이라는 의미로 '음영법' 이라고도 합니다. 그리고자 하는 대상의 형태를 면밀히 관찰하여 밝은 부분(명)과 어두운 부분(암)의 변화를 잘 파악하여 그림을 매우 입체감 있게 표현하는 방식입니다. 르네상스 시대 레오나르도 다빈치가 명암에 의한 입체감과 공간의 표현에 매우 능통하였고 이를 라파엘로가 배워서 자신의 화풍으로 발전시켰습니다.

- the list is not a place you want to be :
place는 '있어야 할 장소, 환경, 본분, 지위, 처지, 경우'의 의미를 담고 있습니다.
본 문장을 직역하면 '이 목록은 네가 있기를 원하는 장소가 아니다' 라는 뜻입니다. 결국 목록에 네 이름이 올라서 찍혔는데 너도 찍히기를 원치 않는다는 의미가 됩니다.

▣ 즐겨찾기!

the : 관사
영어에서 관사 the를 사용하지 않는 경우 : 일반적인 사람이나 사물에 대해서 얘기할 때, 셀 수 없는 명사나 복수 명사 앞. 예> Life is simple. / The life is simple. (×) 예> My brother likes horses. My brother likes the horses. (×)
상대방과의 대화 중 the dentist, the cats 라고 말할 경우, the를 사용하게 되면 이것은 청자와 화자가 서로 이야기 하고 있는 치과의사가 어떤 치과의사인지, 고양이들이 어떤 고양이들인지를 서로 알고 있다는 것을 의미합니다. 다음 예문을 비교해 봅시다. 예> I've been to the dentist. (청자는 어떤 치과 의사인지를 압니다.) A dentist must be nice to people. (= any dentist at all) 예> Have you fed the cats? (청자는 어떤 고양이들을 의미하는지 압니다.) Do you like cats? (일반적인 고양이)

너 불같이 화만 냈잖아.

▣ 클릭! 이럴 때!

사랑하는 사람이 생기면 처음엔 달콤하지만 몇 달 뒤부턴 자잘한 의견 충돌을 하기 시작하죠. 둘 다 잘 참다가 어느 날은 폭탄 터지듯 쾅하고 터질 때가 있습니다. 나도 화가 나는데 상대방이 나보다 더 불같이 화를 내서 찍소리 못해 본 경험이 있을 겁니다. 정신이 없을 정도로 불 같이 화낸다는 표현은 무엇일까요?

You jump straight down my throat.

jump down somebody's throat은 상대방에게 갑자기 화가 나서 말한다는 의미입니다. 즉 상대방에게 몹시 화내다, 찍소리 못하게 하다는 의미의 구어적인 표현입니다.

여기서 straight는 '연달아 즉각, 곧장, 직접적으로'를 의미하는 부사입니다.

위 표현은 너는 내가 무슨 말만 하면 즉각 나한테 몹시 화를 냈다는 의미가 됩니다. 상대방이 불같이 화를 내서 찍소리 못할 때 이를 표현할 수 있는 문구입니다.

▣ 영화! 바로가기! : 신부와 편견

인도에서 잠깐 만난 적이 있는 다아시와 라리타. 많은 오해와 해명 끝에 둘은 서로에게 호감을 느끼지만 쉽게 다가서지 못합니다. 라리타와 그녀의 가족들이 LA로 여행 가던 중에 두 사람은 공항에서 다시 재회하게 되죠. 그런 후 마침내 두 사람은 LA에서 데이트를 즐기게 되고 다아시는 인도에서 라리타를 처음 만났을 때를 회상하며 얘기합니다.

Darcy :	It reminded me of when I first arrived in India. I'm trying to deal with everything and then, boom, **you jump straight down my throat.** I didn't know what had hit me.
Lalita :	You deserved it.

다아시 :	제가 처음에 인도에 왔을 때가 생각나더라구요. 다 잘해보려고 했는데 쾅 했죠. 당신은 불같이 화내기만 하구. 너무 놀래서 뭐가 뭔지 모르겠더라구요.
라리타 :	그럴 만 했죠 뭐.

■ reminded somebody of something : 누군가에게 과거에 일어난 일을 기억나게 한다는 의미입니다. It reminded me of when.. 은 그 상황

은 나에게 -했을 때를 기억나게 했다, 즉 어떤 상황으로 인해 -했을 때가 기억이 났다는 의미가 됩니다.

- arrived in India : arrive는 가고자 하는 곳에 도착한다는 의미입니다. 어떤 확신이나 결론, 특정 연령 등 어떤 지점에 도착한다고 표현할 때는 at을 사용하고 어느 지역일 때는 in을 쓰는 것이 보통입니다.
  예>... arrive in Seoul yesterday.
  ... arrive at a conclusion.

- deal with : 문제나 난관을 다루다, 처리하다, 해결하다의 의미입니다.

- boom : 깊고 큰 폭발음을 나타내는데 대포나 천둥 등의 우르르 쿵쾅하는 소리를 의미합니다. 여기서는 어떤 사건이 쾅하고 크게 터졌다는 것을 실감 있게 표현하기 위해서 사용되었습니다.

- not know what hit someone : 너무 깜작 놀라고 너무 충격을 먹어서 무언가에 대해서 분명하게 생각할 수 없다는 것을 의미합니다. 여기서는 라리타가 너무 불같이 화를 내서 다아시가 뭐가 잘못됐는지를 모를 정도로 너무 깜짝

놀랐다는 것을 표현한 것입니다.

- You deserved it : deserve는 '-할 만하다, -를 받을 가치가 있다'의 의미입니다. 일반적으로 you deserved it 하면 (좋은 일이든 나쁜 일이든) 너는 그럴만했다는 뜻이 되겠죠. 여기서는 라리타가 다아시에게 많이 화내고 짜증을 냈는데, 너는 그런 욕을 먹을 만했다는 의미로 쓰였습니다. 우리말로 '넌 그래도 싸!(욕 먹어도 싸!)' 라는 표현 있죠?! 그것을 you deserved it으로 표현하면 됩니다.

▣ 즐겨찾기!

부사 : straight
■ 부사의 기능 : 명사를 제외한 나머지 품사들, 형용사, 부사, 동사, 구와 절, 문장 전체를 수식하는 기능을 합니다.
■ 부사의 위치 : 형용사와 다른 부사를 수식할 때는 수식하는 단어 앞에 위치합니다. 자동사를 수식할 때 자동사 뒤에 위치합니다.
예> You jump straight down my throat. (부사 straight는 자동사 jump 뒤에 위치) 예> Frankly, this question is very difficult. (부사 frankly는 뒷 문장 전체를 수식) (부사 very는 형용사 difficult 수식)

깡다구 세네.

▣ 클릭! 이럴 때!

자기가 감당하기 힘든 상황이나 또는 두렵거나 무서운 상황에서 대부분의 사람들은 도망가는데 혼자 배짱을 갖고 맞서는 사람이 있습니다. 감히 남들은 엄두도 못 낼 일을 용기내서 하는 사람을 보면, '이야 배짱 한번 두둑한데' 라고 칭찬하지요. 좀 더 구어적으로 표현하면, '그 사람 참 깡다구 세구만' 이라고 합니다. 용기나 배짱이 넘쳐흐르는 깡다구가 세다는 표현은 무엇일까요?

You got a lot of balls.

balls는 용기, 배짱, 결의나 결단력(courage or determination)을 의미하며 이 의미로 사용될 때는 항상 복수로 사용됩니다. balls는 다소 구어적으로 사용되는 비속어입니다. 소위 우리말로 '재 깡 있네' 또는 '깡다구 센데' 라고 할 때 그 '깡다구'를 balls로 표현하면 됩니다. a lot of balls이므로 용기나 배짱이 굉장히 많다는 거지요. 그래서 You got a lot of balls를 점잖게 표현하면 '배짱이 크네' 라는 뜻이고 다소 비어적으로 표현하면 '깡다구가 세다'는 표현이 됩니다.

▣ 영화! 바로가기! : 마음대로 훔쳐라

좀도둑 케빈은 언론 재벌 맥스의 집을 털러 갔다가 우스꽝스럽게 붙잡히고 맙니다. 맥스는 감히 자신의 맨션을 털러 온 좀도둑이 어이없기만 하죠. 그러다 경찰에게 끌려온 케빈의 손에 끼여 있는 반지를 보고는 맥스는 자신의 것이라고 거짓말을 하고는 가져가 버립니다. 명색이 도둑이 자신의 반지를 도둑맞았으니, 케빈은 굉장히 자존심이 상합니다.

Max : You know who I am? **<u>You got a lot of balls</u>**, huh? You come into my house, into my bedroom...and take my ring. Kevin : What? Stop tripping, all right? This is my ring.

맥스 : 내가 누군지 알아? 깡다구 세네, 허? 내 집에, 그것도 내 침실로 들어와서.... 내 반지를 가져가다니 말야. 케빈 : 뭐요? 딴죽 걸지 마요, 알겠어요? 이건 내 반지라구요.

■ You know who I am? : 여기서 I는 언론 재벌인 맥스를 지칭하며 케빈에게 감히 내가 누군 줄 알고 도둑질과 같은 엄청난 일을 하려했

는지를 따져 묻는 표현입니다.

- come into : in과 into의 어감상의 차이를 잠시 살펴볼까요?! in은 주로 사람이나 사물이 있는 장소에 대해서 얘기할 때 사용됩니다. into는 사물이나 사람이 향해 가고 있는 방향이나 행선지에 대해서 얘기할 때 사용됩니다.
  예> The ball is <u>in</u> the goal.
  The ball rolls fast <u>into</u> the goal.

- my house : house와 home의 어감상의 차이를 알고 넘어갑시다. house는 일반적으로 '집의 건물'을 가리켜 말하는 경우에 쓰이며 home은 house보다는 가정의 뜻이 강조됩니다. (그러나 미국에서는 home을 house와 같은 뜻으로 쓰는 경우도 있기는 합니다.)

- Stop tripping : stop -ing형은 '-하기를 그만두다, 중지하다'는 의미입니다. trip는 '발을 걸어서 넘어지게 하다, 딴죽 걸다, -의 약점을 찾다' 라는 의미입니다. 따라서 stop tripping은 '딴죽 걸지 마요' 라는 의미가 됩니다. 누군가가 말도 안되는 소리를 해서 상대방의 약점을 잡거나 주변 사람들에게 오해를 야기할 때 그런 헛소리해서 딴죽 걸지 말라고 말할 때 사용될 수 있겠죠.

■ all right? : 자신이 말한 것을 상대방이 알아들었는지를 확인할 때 사용할 수 있습니다.

▣ 즐겨찾기!

a lot of
a lot of에서 동사는 of 다음에 바로 나오는 명사나 대명사의 수에 따라서 결정됩니다. a lot of + 단수 명사 ⇒ 동사는 단수 a lot of + 복수 명사 ⇒ 동사는 복수
예> A lot of the equipment is old. : a lot of 나음에 나온 the equipment기 단수이므로 동사도 is가 사용되었습니다. 예> A lot of his friends are there. : a lot of 다음에 나온 his friends가 복수이므로 동사가 are이 사용되었습니다.
some of도 a lot of와 용법이 같습니다. 예> Some of the cities she would like to visit are Tokyo and New York. (그녀가 방문하고 싶은 몇 군데의 도시는 도쿄와 뉴욕이다.) : some of 다음에 나온 명사 the cities가 복수이므로 동사가 are이 사용되었습니다.

▪ 지금 그딴 거 눈에 안들어와. ▪

▣ 클릭! 이럴 때!

너무 너무 중요해서 온 신경을 집중하는 일이 있을 경우 다른 일은 전혀 안중에도 없는 경우가 있습니다. 오늘 입사 시험이나 수능 시험이 있는데 주변에서 축구 시합 얘기나 하면 그런 소리는 귀에 들어오지도 않잖아요?! 너무 중요한 거사를 앞두고 다른 일은 안중에도 없다는 말은 어떻게 표현할까요?

my head's somewhere else right now.

else는 부사로써 '그 밖에, 달리, 대신해서'의 의미를 지닙니다. anybody else는 누구든 다른 사람, anything else는 무언가 다른 것, somewhere else는 어디 다른 곳으로 라는 뜻이 되지요. 다 아시겠지만 right now는 '지금 당장(exactly now)' 이라는 의미입니다.

위 표현을 살펴보면 '내 머리는 지금 어딘가 다른 곳에 있다'가 되지요. 그래서 결국 머릿 속 생각이 딴 곳에 가 있거나 마음이 콩밭에 있을 때를 표현하는 문장입니다.

▣ 영화! 바로가기! : 어바웃 러브

바람 폈다는 혐의로 고소됐던 댄 사건! 알고 보니 바람 피는 사진 속의 남자는 댄이 아니라 댄과 쌍둥이처럼 닮은 흑인 남자였던 거죠. 승소하기 힘들었던 재판을 이기고 나온 변호사 샘과 아치. 샘은 재판을 이겼다며 외출하려 하고 아치는 나머지 서류를 정리하자고 제안합니다. 그러나 샘은 재판이 끝나자마자 자신의 정부에게 가려는 생각에 이미 마음은 딴 곳에 가 있습니다.

Sam :	Listen, Archie, I've got a lunch.
Archie :	Actually, I need you to go over some of my notes with me, please.
Sam :	I win the case, you do the paperwork, huh? Besides, **my head's somewhere else right now.**

샘 :	저기, 아치, 나 점심 먹으러 가봐야 돼.
아치 :	사실, 나랑 서류 좀 훑어봤으면 하는데.
샘 :	내가 소송에서 이겼잖아, 서류 작업은 네가 좀 해라, 어? 게다가 난 지금 그 딴 거 눈에 안들어 온단 말야.

- Listen : 자신이 말하려는 것에 상대방이 주목해 주기를 원할 때 사용됩니다.
- need - to : need 동사가 to 부정사를 수반하게 되면 '- 할 필요가 있다, -하지 않으면 안된다(must)'는 의미가 됩니다. 따라서 need somebody to do something의 형태는 누군가가 to 이하를 해야 된다는 의미로 사용됩니다.

- go over : 무언가에 대해서 신중하게 생각하고 살펴본다는 의미로써 '-을 검토하다, -을 되짚어 보다' 라는 뜻입니다.

- win the case : case는 '소송 사건'을 의미하며 소송에서 이겼다, 즉 '승소했다'고 할 때는 동사 win을 사용한다는 점 알아두세요. 그러면 반대로 '패소하다'고 할 때는 간단하게 lose a case라고 하면 되겠죠.

- paperwork : 편지를 쓴다거나 보고서를 쓰는 것과 같은 문서업무를 나타냅니다. 처리해야 되는 일이지만 매우 재미없는 작업이라는 의미가 포함되어 있습니다.

- Besides : '게다가' 라는 의미가 있으며 어떤 말을 이미 언급하고 난 뒤, 그 뒤에 또 다른 말을 추가하여 덧붙여 말할 때 사용되는 부사

입니다.

예> It's too late, besides they're tired.
(늦었어, 게다가 다들 지쳤다구.)

▣ 즐겨찾기!

somewhere
somewhere는 '어딘가에서, 어디론가'의 의미로써 정확하게 장소를 언급하지 못할 때 사용됩니다. 예> He lived somewhere near Nottinghill. I had to go off somewhere else for a meeting.
일반적으로 somewhere는 부정문에서는 사용되지 않습니다. 예> I can't find my glasses somewhere. (×) I can't find my glasses anywhere. (○)
의문문에서는 somewhere나 anywhere 둘 다 사용할 수 있지만, 질문에 대해 'Yes'의 답을 기대할 때는 보통 somewhere를 사용합니다. 질문에 대한 답이 'Yes'인지 'No'인지 알 수 없을 때는 둘 다 사용 가능합니다. 예> Would there be a file on my boss somewhere? Was there an ashtray anywhere?

Disagreement

- 이미 지난일인데 뭐.
- 내 몸 하나 추스르기도 힘들어요.
- 마른 하늘에 날벼락이죠!
- 지금은 제가 좀 여력이 없어요.
- 생각이야 내 맘이지.
- 절대 그를 거들떠도 안 봤을 걸.
- 툭 까놓고 확실하게 하자고.
- 뒤통수 제대로 치는구만.
- 학교는 진짜 나랑 안 맞는다니까.
- 이번엔 내가 좀 심했나 본데.

▪ 이미 지난일인데 뭐 ▪

▣ 클릭! 이럴 때!

과거의 지나간 일 중에 지금 돌이켜 생각해 보면 후회되는 일도 있고 좀 더 잘할 수 있었는데 하고 미련이 남는 일들도 있습니다. 특히나 누군가에게 너무 큰 실수를 했는데 그냥 지나가 버려서 지금이라도 만나면 꼭 사과하고 싶은 일이 있죠. 두고 두고 마음에 남았었는데 오랜 시간이 지난 뒤 우연히 그 사람을 만나게 되면 그때 그 일을 말하며 사과하게 됩니다. 그러면 상대방은 이미 지난일인데 뭐 지금 와서 어쩌겠냐며 넘겨버립니다. 과거의 일이니 이제 와서 걱정하지 말라며 털털하게 말할 수 있는 표현에 대해서 알아봅시다.

It's water under the bridge.

be (all) water under the bridge는 어떤 일이나 상황이 과거의 일이거나 잊혀져 버린 일 이라는 것을 나타내는 구어적인 표현입니다. 이 표현을 직역하면 '다리 아래로 흐르는 물'인데, 다리 아래의 물은 한번 흘러가면 지나가 버리는 것이고 돌이킬 수 없잖습니까? 그래서 지나버린 일이나 돌이길 수 없는 일을 나타냅니다. 또한 이미 과거에 지나가 버린 일이면 지금 무언가를 걱정해도 아무 소용이 없겠죠?! 그래서 지난 일이므로 무언가에 대해서 걱정하지 말라고 말할 때도 사용됩니다.

▣ 영화! 바로가기! : 알피

뉴욕에 사는 알피는 하루에도 여러 여자를 상대하는 자유분방한 바람둥이입니다. 그에게 마음을 준 여자는 상처받기만 할 뿐이죠. 일편단심이던 줄리마저 알피가 카사노바라는 사실을 알고는 떠나버립니다. 줄리와 헤어진 뒤 한참 후에, 한 식당에서 우연히 그녀를 만나게 되고, 알피는 그녀와 다시 시작하고 싶은 마음에 과거의 잘못을 사과합니다.

Alfie : I'm sorry about what happened between us. And I'm sorry how it all ended up. It wasn't... It wasn't good. I felt bad about not seeing Max and about not seeing you.

July : **It's water under the bridge.**

알피 : 우리 둘 사이에 있었던 일 미안해. 그리고 그렇게 헤어져서 미안하고. 별로 좋지 않았어. 맥스랑 너를 못보게 돼서 너무 마음이 아팠어.

줄리 : 다 지나간 일인데 뭐.

- I'm sorry about- : 후회하는 과거의 일을 나타낼 때 사용됩니다. about 다음에 명사나 -ing 형태가 온다는 점 알아두세요.

  예> I'm sorry about breaking your glasses.

- what happened : what은 '-하는 것' 으로 해석되며 what 이하는 문장 속에서 주어나 목적어, 보어의 역할 중 어느 한 역할을 하게 됩니다. I'm sorry about what happened에서 what 이하는 전치사 about의 목적어입니다.

- between : between과 among의 차이를 이번 기회에 확실히 알아둡시다.
  between은 두 명이나 두 명 이상일 경우 확실하게 분리되어 있는 사람이나 사물 사이를 나타낼 때 사용됩니다. among은 보통 셋 이상의 것 사이를 의미하며 집단이나 군중, 분명하게 분리해서 볼 수 없는 것들 사이를 나타낼 때 사용됩니다.

  예> My house is <u>between</u> the river, the woods and the village.

  예> My house is hidden <u>among</u> the trees.

- end up : '끝내다, 결국에는 -이 되다'는 의미로써 그 일을 계획한 것이 아닌데 결국에는 특

정한 일이나 상황이 되어 버렸다는 것을 나타냅니다.

- feel bad about - : 어떤 일에 대해서 죄책감이나 미안함을 느끼거나 유감스럽다고 느낄 때 사용됩니다.

▣ 즐겨찾기!

전치사 under 와 below 구분

under와 below는 둘 다 'lower than'(-보다 더 낮은)을 의미합니다.
under는 위에 놓여있는 사물로 무언가가 덮혀 있거나 가려져 있을 경우 사용됩니다.
below는 한 사물이 다른 사물 바로 아래 직접적으로 있는 것이 아닐 경우 사용되며 또한 온도(temperature)나 높이(height)의 측정을 나타내는데도 쓰일 수 있습니다.

예> • I think the dog's under the desk.
• What is she wearing under her jacket?
• We stopped 500m below the top of the mountain.
• The temperature is five degrees below zero.

less than이나 younger than을 의미하기 위해서는 below가 아니라 under를 사용합니다.
예> Jason can't see this movie if he's under 19.

▪ 내 몸 하나 추스르기도 힘들어요. ▪

▣ 클릭! 이럴 때!

직장에서 해고되고 돈도 다 떨어지고 하는 일마다 잘 안되고.... 지금 내 개인적인 상태가 완전 엉망진창일 때가 있죠. 이렇게 힘든 시기에 주변의 누군가가 도와달라고 부탁하면 선뜻 나서서 도와줄 수가 없습니다. 내 몸 하나 추스르기 힘들어서 마음의 여유가 생기지 않잖아요. 이렇게 스스로 힘들고 괴로울 때 내 몸 하나 추스르기 힘들다는 표현은 어떻게 할까요?

It's hard enough to drag myself out of bed.

drag는 '발이나 몸 따위를 질질 끌다' 라는 의미입니다. 따라서 drag oneself up/down/out of/into는 어딘가로 몸을 움직이기가 굉장히 힘들고 어렵다는 것을 나타냅니다.

enough to + 동사원형 형태는 'to 이하 하기에 충분한'의 의미입니다. to 이하 하기에 족해서 그 이상이 필요 없다는 뜻을 담고 있죠.

위 문장을 직역하면 '침대 밖으로 나 자신을 끌어내기도 충분히 힘들어'가 됩니다. 아파서 꼼짝 못하는 게 아닌 한은 아침에 일어나서 침대 밖으로 나오는 것은 일도 아니죠. 그런데 그게 힘들다고 하니 위 표현은 내 몸 하나 추스르기가 굉장히 힘들다는 것을 뜻합니다.

▣ 영화! 바로가기! : 차고 지르기

필은 어릴 적부터 운동엔 영 소질이 없습니다. 그러나 필의 아버지는 열렬한 축구광이며 어린이 축구팀의 코치를 맡고 있을 정도죠. 필의 아들 샘은 할아버지가 코치로 있는 팀의 축구 선수입니다. 그러나 할아버지는 샘이 축구를 못한다는 이유로 손자를 다른 팀으로 트레이드 시켜버립니다. 이에 분개한 필. 아들이 트레이드 된 팀의 코치가 되겠다고 나서게 됩니다.

Man 1	: I didn't think I'd be coaching the little bugger.
Man 2	: I just got laid off. I'm looking for a job. So **it's hard enough to drag myself out of bed.**
Man 1	: So, uh, we forfeit.
Phil	: So, we're forfeiting? No, no, no. Uh, you know what... I can coach.

남자 1 :	저는 저 어린놈들 코치 노릇 할 수 없어요.
남자 2 :	저는 정리 해고됐어요. 일자리를 찾고 있는 중이죠. 내 몸 하나 추스르기 힘들어요.
남자 1 :	그럼, 어, 우리 탈락이네요.
필 :	네, 탈락이라구요? 안돼요, 안돼, 안돼. 어, 그러니깐요, 그럼 제가 코치 맡을게요.

- coach : 특정 스포츠 팀이나 선수들을 책임지거나 그들이 더 잘할 수 있도록 도와주는 역할을 한다는 의미입니다.

- the little bugger : bugger는 성가시고 불쾌한 사람을 표현하는 속어적인 표현입니다. 여기서는 만년 꼴찌만 하는 타이거스 축구팀의 어린이 선수들을 의미합니다.

- lay off : 정리 해고하다, 일시 해고하다.
일거리가 많지 않은 시기에 직원을 해고하는 것을 의미합니다. 직원의 입장에서 이 표현을 사용하게 되면 수동태로 쓰이게 되겠죠.

- be looking for : 필요하거나 원하는 특정한 일이나 사람을 찾으려고 한다는 의미입니다.

■ forfeit : 과실로 인해서 권리를 상실하다, 규정이나 벌칙으로 인해 가치 있는 무언가를 몰수당해 잃게 된다는 의미입니다. 여기서는 타이거스 축구팀의 코치가 정해지지 않아서 축구 규정에 따라 팀이 대회에 나가는 권리를 상실하게 된다는 뜻으로 사용되었습니다.

▣ 즐겨찾기!

it : 가주어

영어에서는 절의 주어가 너무 길면 문장의 맨 앞에 쓰기를 꺼려합니다. 그래서 문두에 가주어 it을 내세우고 진짜 주어를 문미에 배치하죠. 가주어 it은 be+형용사나 be+명사보어 앞에 놓이게 됩니다.

예> It's nice to talk to you.

: To talk to you is nice가 원래 문장이지만 가주어 it을 사용하는 문장이 훨씬 자연스럽게 일반적으로 쓰입니다.

예> It's my goal to be a nice teacher.

(멋진 선생님이 되는 것이 내 목표이다.)

: 원래 문장은 To be a nice teacher is my goal인데 주어가 너무 길어서 가주어 it을 문장의 맨 앞에 배치하고 진주어인 to be a nice teacher를 문장 맨 뒤로 이동하였습니다.

마른 하늘에 날벼락이죠!

▣ 클릭! 이럴 때!

일상을 살아가다보면 전혀 기대하지 못했던 일들이 발생하는 경우가 종종 있죠. 갑자기 잘 지내던 여자 친구가 헤어지자고 한다거나 서울 사는데 느닷없이 부산 전근 명령이 떨어졌다거나 말이죠. 전혀 준비도 안되어 있는데 예상하지도 못했던 일이 발생하거나 뜻밖의 일을 당하게 되면 '마른 하늘에 날벼락'이라고 합니다. 갑작스런 일에 황당함을 나타내는 이 표현은 뭐라고 하는지 알아봅시다.

It's electric in the air!

electric은 '전기를 띤, 전기 작용의' 라는 뜻이고 in the air는 '공중에' 라는 의미입니다.

따라서 위 문장을 직역하면 '그것은 공중에 전기가 통한다' 라는 의미가 됩니다. 멀쩡한 공중에 아무것도 없이 갑자기 전기가 통할 리가 없겠죠. 그래서 우리말의 '마른 하늘에 날벼락' 이라는 의미와 같고 예기치 못했던 일이 발생했을 때 사용되는 표현입니다.

▣ 영화! 바로가기! : 차고 지르기

필은 어릴 적부터 운동을 못한다는 이유로 늘 아버지에게 무시당한다는 자격지심이 있습니다. 필은 아버지에 대한 반발심으로 홧김에 타이거스 어린이 축구팀의 코치를 맡게 되죠. 타이거스 팀은 매 시즌 꼴찌를 도맡아 하는 엉망진창인 팀입니다. 팀의 연습 첫날 필은 아이들을 모아놓고 이번 시즌에 힘차게 잘해 볼 것을 연설하지만 아이들의 반응은 영 시큰둥하기만 합니다.

> Phil : I don't know, it may just be me, but, uh, I really got a feeling like we could catch fire and have a great season. Huh? Now, who's with me?
>
> Byong Sun : **It's electric in the air!**
>
> Phil : Thank you for that show of enthusiasm.

> 필 : 내가 맡아야 할지는 잘 모르겠다만, 내 생각엔 우리가 확 불씨를 당겨서 아주 멋진 시즌을 보낼 수 있을거 같은데 말야, 어? 내 말에 동의하는 사람?
>
> 병선 : 마른 하늘에 날벼락이죠!
>
> 필 : 열정을 보여줘서 고맙다.

■ it may just be me : 여기서 it은 타이거스 어린이 축구팀의 코치직을 의미합니다.

■ get a feeling (that) : that 이하의 사실이 아마도 사실이거나 또는 that 이하의 일이 아마도 일어날 거라고 생각한다는 것을 나타냅니다. '-한 예감이 든다'로 해석되며 get 대신에 have가 쓰일 수 있습니다.

■ catch fire : 불이 붙다, 흥분하다.
불이 붙어서 타기 시작한다는 것을 의미하며 열렬하게 흥분한다는 것을 나타내기도 합니다. 여기서는 필이 우리 팀이 그간 꼴지를 했지만 이번에는 불을 확 붙여서 잘하자고 아이들에게 자신감을 불어넣어 주기 위해서 사용하였습니다.

■ season : 특정한 스포츠 종목(여기서는 어린이 축구를 뜻함)이 공식적으로 가장 자주 일어나는 한창 때를 의미합니다.

■ who's with me? : with someone의 형태는 상대방이 한 말이나 행동에 동의하며 그것을 찬성하고 지지한다는 의미입니다. Who's with me?는 '누가 내 말에 찬성하는가?' 라는 뜻으로 내 말에 동의하는 사람을 찾는 표현입니다.

- Thank you for that show- : thank you for-는 '-에 대해서 감사하다'는 의미이며 for 이하에는 반드시 명사 형태가 와야 합니다.

- enthusiasm : 열의, 열광. 무언가에 강한 흥미를 느끼고 그 일에 열렬하게 빠져들고자 하는 감정을 나타냅니다.

▣ 즐겨찾기!

in : 전치사
전치사 in과 이와 유사한 전치사 into의 용법과 차이를 살펴봅시다. 장소 앞에 쓰이는 in은 주로 상태를 나타내는 동사와 함께 쓰이지만 반면에 into는 동작을 나타내는 동사와 함께 사용됩니다. 예> I lives in his house. (상태) I run into the house. (동작)
전치사 in은 특히 마을, 도시, 국가, 주, 대륙을 나타내는데 사용됩니다. 예> in Rome, in London in China, in Europe
전치사 in이 위치를 나타낼 때는 특정 공간 안에 있다는 것을 의미합니다. 예> in school, in house

▪ 지금은 제가 좀 여력이 없어요. ▪

▣ 클릭! 이럴 때!

나이 들어 시집못간 커리어 우먼들은 틈만 나면 주변 어른이나 친구들이 좋은 사람 소개시켜주려고 야단입니다. 그런데 커리어 우먼들의 공통점은 항상 너무 바쁘다는 거잖아요. 그래서 좋은 사람 소개받는 기회가 와도 하필이면 그때가 제일 바쁘거나 다른 일로 전혀 신경 쓸 여력이 없을 때가 있습니다. 자아, 그러면 거기에 신경 쓸 여력이 없다는 말을 어떻게 표현할까요?

My plate's a little full right now.

본 문장을 직역하면 '내 접시가 지금 당장은 조금 가득 찼다'가 됩니다. 따라서 개인적으로 할 일이 너무 많거나 다른 일에 신경 쓸 여력이 없다는 것을 나타낼 수 있는 표현입니다.

비슷한 표현으로 have a lot on one's plate가 쓰이는데 '처리해야 할 문제가 많다거나 걱정스런 일들이 많다'는 것을 의미하는 구어적인 표현입니다.

▣ 영화! 바로가기! : 이브의 아름다운 키스

보수적인 가정에서 자란 헬렌은 제시카 라는 여자를 사랑하게 되고 자신이 레즈비언이라는 사실을 차마 엄마에게 밝히지 못합니다. 어느 날 오빠의 결혼 축하 자리가 마련되고 엄마는 제시카가 딸의 친한 친구인줄 알고 그녀를 같이 초대하죠. 둘 사이를 모르는 엄마는 파티에 온 멋진 남자 조쉬를 제시카에게 소개시키려고 합니다.

Jessica's mom : What about you, Helen? How do you like Josh?
Helen : Oh, um, he's great, but **my plate's a little full right now**.
Jessica's mom : I can imagine. Beautiful girl like you, you probably have men falling all over you left and right.

제시카 엄마 : 너는 어떠니, 헬렌? 조쉬 어떻게 생각해?
헬렌 : 음, 그 분은 멋있긴 한데요, 지금은 제가 좀 여력이 안돼요.
제시카 엄마 : 난 알 수 있단다. 너처럼 예쁜 애는 말야, 사방에 널 사랑하는 남자들이 있을 거라구.

- what about you? : 자신의 의견을 먼저 말한 후에 상대방의 의견이 어떻게 되는지를 물어볼 때 사용됩니다. how about you?가 같은 의미로 사용됩니다.

  예> I can't stand opera, how about you?

  (난 오페라 별로던데, 넌 어땠어?)

- how do you like -? : 어떤 사물이나 사람에 대한 상대방의 견해나 의견을 물어볼 때 사용됩니다. '-는 어떻게 생각해?'의 의미로 이해하면 됩니다.

  예> How do you like my new jacket?

  (내 새 쟈켓 어떻게 생각해?)

- imagine : 무언가가 사실이며 진짜라고 생각한다는 뜻입니다. 다시 말하면, 확실하지도 않고 증거도 없지만 어떤 일이나 상황이 진짜라고 생각한다는 의미입니다.

  예> You must miss him, I imagine.

  ((확실치는 않지만) 내 생각에 너는 그를 보고싶어 하는 게 맞아.)

- all over : -에게 미쳐, -에게 푹 빠져. 따라서 fall all over you하면 너에게 푹 빠졌다는 의미가 됩니다.

■ left and right : 좌우로. 여기서는 너에게 빠져 드는 남자가 좌우로 있다는 의미이므로 사방에 그런 남자들이 있다는 의미로 쓰였습니다.

▣ 즐겨찾기!

a little와 little의 차이
little은 '거의 없는, 그다지 많지 않은'의 의미로 다소 부정적인 의미를 지닙니다. a little은 little 보다는 훨씬 긍정적인 의미입니다. 일반적으로 some의 의미에 가깝다고 보면 됩니다. 즉 '조금, 기대한 것 보다는 조금 있는, 없는 것 보다는 나은'의 의미입니다. 예> That cactus needs <u>little</u> water. (not much water) (선인장은 물이 거의 필요없습니다.) Give the rose <u>a little</u> water every day. (not a lot, but some) (매일 장미한테 물을 조금씩 주어라.)
<a little과 a bit의 차이> a little과 같은 뜻으로 a bit이 자주 사용됩니다. 그러나 구어적으로는 a bit이 훨씬 자주 사용되고 a little은 일상 대화보다는 문어적으로 더 잘 사용됩니다.

생각이야 내 맘이지.

▣ 클릭! 이럴 때!

우리는 난처하거나 껄끄러운 상황에서 겉으로는 웃더라도 속으로는 별의 별 생각을 다하는 경우가 있습니다. 내가 무슨 생각을 어떻게 하든 그건 자기 맘이잖아요. '내가 뭘 생각하든 그건 자유야' 또는 '생각이야 내 맘이지'라는 말은 어떻게 표현할까요?

Don't go accusing me of thinking.

accuse는 누군가가 죄를 지었거나 나쁜 일을 했다고 고발하다, 고소한다는 의미입니다. accuse somebody of -ing의 형태로 자주 쓰이며 누군가를 -로 고소한다는 의미가 되지요. Don't go doing something은 상대방에게 도덕적, 윤리적으로 올바르지 못하거나 잘못된 어떤 일을 하지 말라고 말해줄 때 사용됩니다. 따라서 본 표현은 '내가 (내 맘대로) 생각한다고 해서 나를 고소하지 말라'는 뜻이 되겠죠. 그래서 뭘 어떻게 생각하든 그건 내 맘이라는 의미가 됩니다.

▣ 영화! 바로가기! : 스위트 알라바마

멜라니는 앤드류와의 결혼을 위해 전 남편에게서 이혼 서명을 받아내려고 알라바마로 갑니다. 그런데 앤드류가 예고도 없이 멜라니를 찾아오고 그곳에서 멜라니 전 남편의 존재를 알게 됩니다. 다음은 앤드류가 화가 나서 떠난 뒤 자신을 자책하는 멜라니와 그녀를 위로하는 엄마와의 대화입니다.

Melanie :	I know you're thinking I spoiled things good this time.
Mom :	Oh, hon, **don't go accusing me of thinking**. I ain't done anything of the sort. Anyway, spoiled's in the eye of the beholder...... like these plums here.

멜라니 :	이번에도 제가 일 다 망쳤다고 생각하신다는 거 알아요.
엄마 :	얘야, 생각이야 내 맘이지. 그런 생각한 적 없다. 어쨌든, 보는 사람의 입장에서 망쳤다는 건 말이지.... 여기 있는 이 자두와 같은 거야.

■ spoil : '망쳐놓다(destroy), 손상하다'는 의미로써 무언가에 나쁜 영향을 끼쳐서 그것이 더 이상 매력적이지도 않고 즐겁지도 않고 유용하지

도 않다는 뜻을 담고 있습니다. 여기서는 잘 진행되던 좋은 일들을 다 망쳐버렸다는 의미로 사용되었습니다.

■ I ain't done anything of the sort : ain't는 am not의 줄임말이고 of the sort는 '그러한, 그런 식의' 라는 뜻입니다.
예> I have never heard anything <u>of the sort.</u>
(그런 것은 들은 적이 없다.)
따라서 본 표현은 '그런 것 한 적 없다'는 의미가 되겠죠. 본문에서 딸이 '내가 일 다 망쳤다고 생각하는 거죠' 라고 물었으니깐 엄마가 '그런 식으로 생각한 적 없다' 라고 답한 것입니다.

■ anyway : 대화의 주제를 바꾸거나 또는 이전의 주제로 다시 되돌아 갈 때 쓰입니다.

■ in the eye of the beholder : in the eye of-는 '-의 견해나 판단으로 보면, -의 관점에서' 라는 의미이며 beholder는 '보는 사람, 구경꾼' 이라는 뜻입니다. 따라서 본 표현의 의미는 '보는 사람의 입장에서는, 보는 사람의 관점에서는'이 됩니다.

■ like these plums here : 본문에서 엄마는 보는

사람의 관점에서 spoiled 라는 것은 여기 있는 이 자두(plums)와 같다 라고 말합니다. 모녀가 대화하는 이 상황에서 엄마는 맛있는 잼을 만들기 위해서 자두를 으깨고 있죠. 남들이 보면 자두를 못쓰게 망가뜨리는 거지만 결국엔 달콤한 잼을 만든다는 거지요. 그래서 이 표현은 멜라니에게 남들이 보기엔 어떨지 몰라도 결국엔 그녀가 일을 망친게 아니라는 것을 알려주고자 한 말입니다.

▣ 즐겨찾기!

accusing : 동명사

동명사는 동사원형+-ing의 형태를 취하며 동사의 기능을 갖추고 있지만 명사가 하는 역할을 할 수 있습니다. 즉, 동명사의 용법은 명사와 같다고 할 수 있습니다. 그러나 명사와 다른 점은 동명사는 목적어를 취할 수 있다는 점이죠.

예> Playing cards is fun. (주어 역할)

예> I'm excited about playing cards.
(전치사 about의 목적어 역할)

예> My hobby is playing baseball.
(baseball은 playing의 목적어)

예> She finished painting the kitchen white.
(the kitchen은 painting의 목적어)

절대 그를 거들떠도 안 봤을걸.

▣ 클릭! 이럴 때!

친구와 함께 소개팅을 잔뜩 기대하고 나갔는데 아휴.. 실망스럽게도 상대 남자들은 둘 다 폭탄이 나왔습니다. 실망하고 돌아온 몇일 뒤... 내 친구가 그날 소개팅에서 만났던 폭탄 중 한 명과 사귄다는 소문을 듣게 되었습니다. 말도 안되죠. 아주 친한 친구라 잘 아는데 '절대 그런 남자를 거들떠 봤을 리가 없어' 라며 장담했습니다. 그 남자를 분명히 거절했을 거라고 단언할 때는 어떻게 표현할까요?

I bet she gave him two tight slaps.

I bet은 비록 증명할 수는 없지만 어떤 일이 발생했으며 그것이 사실이고 진짜라는 것을 상당히 확신할 때 사용됩니다. tight는 '탄탄한, 엄격한, 빈틈없는'의 의미이며 slap은 '손바닥으로 뺨을 때림, 모욕, 비난, 거절'을 의미합니다. 손바닥으로 뺨을 때리는 행위는 상대방에게는 커다란 모욕을 주는 것이며 확실하게 그 사람을 거절한다는 것을 나타내는 거겠죠. 따라서 she gave him two tight slaps는 그녀가 그를 매우 확실하게 거절했다는 의미가 됩니다. 한번의 slap도 아니고 무려 두 번의 slaps 이므로 얼마나 확실하게 거절한 것인지 아시겠지요. 그래서 본 표현은 너무 확실하게 상대방을 거절해서 거들떠도 안봤다는 의미를 담고 있습니다.

▣ 영화! 바로가기! : 신부와 편견

미국에서 크게 성공한 인도 출신의 콜리는 라리타에게 마음이 있습니다만 라리타의 강한 거부로 결국 그녀를 포기합니다. 결국 콜리는 라리타의 가장 친한 친구인 찬드라에게 프로 포즈를 하게 되죠. 이 소식을 들은 라리타는 찬드라가 그런 프로 포즈를 허락했을 리 없다고 단언합니다. 그러나 사람의 인연이란 알 수 없는 일이죠. 한번 살펴볼까요?!

Lakhhi	:	Papa, Kholi has proposed to Chandra Lamba.
Lalita	:	What? **I bet she gave him two tight slaps.**
Lakhhi	:	No, she said yes. And you know what? They're having a small temple ceremony here, and then a big American wedding in LA.

라키	: 아빠, 콜리씨가 찬드라 람바 언니한테 프로포즈 했대요.
라리타	: 뭐라고? 장담하건대 절대 그를 거들떠도 안 봤을걸.
라키	: 아냐, 프로포즈 받아들였대. 그리고 있잖아? 여기서는 작게 사원에서 결혼식 하고 진짜 성대한 결혼식은 LA에서 할거래.

- propose : 형식을 갖춰 정식으로 누군가에게 결혼해 줄 것을 요청할 때 쓰입니다.

- she said yes : 여기서 yes는 상대방에게 프로포즈를 받고서 승낙했다는 의미입니다.

- having a small temple ceremony here : temple은 '절, 사원, 신전'을 의미이며 ceremony는 '의식, 의례' 라는 뜻으로 중요한 사회적, 종교적 이벤트에서 사용되는 형식적이고 전통적인 행위를 의미합니다. 여기서는 결혼식을 지칭합니다. 그러면 졸업식을 나타내려면 graduation ceremony라고 하면 되겠죠. 마지막으로 here는 인도를 지칭합니다.
본 표현은 '인도에서는 작은 사원에서 결혼식을 치르겠다'는 뜻이 됩니다.

- big American Wedding : 미국식의 성대하고 큰 결혼식을 나타냅니다.

- LA : Los Angeles의 줄임말. 한국 교포가 가장 많이 거주하는 이곳은 미국 서부 캘리포니아주 남부에 위치하며 뉴욕과 시카고에 이어 미국을 대표하는 대도시 중의 하나입니다. 북서부의 할리우드를 중심으로 영화 산업이 발달되어 있고 비버리 힐스의 영화배우와 유명인사의 고급 주택가로 유명합니다.

▣ 즐겨찾기!

I bet
I bet은 'I think it's probable that-'의 의미로 사용되며 '내가 that 이하를 장담한다 또는 단언한다'로 해석됩니다. I bet that-의 형태로 자주 쓰이며 that은 생략 가능합니다. 예> I bet that you was good at swimming when you was at school. (네가 학교 다닐 때 수영 잘 했다는 거 내가 장담하지.)
I bet 다음에 미래의 의미를 나타내기 위해서 현재 시제를 사용할 수 있습니다. 예> I bet she doesn't come this evening. = I bet she won't come this evening. (오늘 저녁에 그녀가 오지 않을 거라는 걸 확신해.)

툭 까놓고 확실하게 하자고.

▣ 클릭! 이럴 때!

세상 살아가다 보면 껄끄러운 사이의 사람과 확실히 짚고 넘어가야 할 일들이 생깁니다. 말을 둘러대지 않고서 직접적으로 다 털어놓고 서로 간에 상황 정리를 확실히 하고자 할 때 우리는 '툭 까놓고 얘기하자고' 또는 '툭 까놓고 이거 확실히 하자고' 라는 다소 강한 표현을 사용하곤 합니다. 이것을 어떻게 표현할까요?

Let's you and me get something straight.

get something straight는 어떤 사실이나 정보를 정확하게 이해했다고 확신할 때 사용되는 구어적인 표현입니다. 우리말로 표현하면, 툭 까놓고 확실하게 하자는 의미가 됩니다.

예> Let's get things straight, I don't like her.
(툭 까놓고 확실하게 하자고, 나 그 여자 안좋아해.)

본 표현은 너와 나 사이에 서로 숨기는 것 없이 다 털어놓자는 것을 표현한 것입니다.

▣ 영화! 바로가기! : 세컨핸드 라이온스

월터는 철없는 젊은 엄마 때문에 먼 친척 늙은 삼촌들에게 맡겨지고 그들과 깊은 정이 들어갑니다. 몇 달 뒤 엄마는 탐정 스탠과 함께 나타나서는 삼촌들이 몰래 숨겨 놓은 돈이 있는 곳을 대라고 요구하죠. 삼촌들을 믿는 월터가 스탠에게 순순히 말할 리가 없습니다. 그러자 스탠은 엄마가 안보이는 헛간으로 월터를 끌고 가서는 험악하게 굴기 시작합니다.

Stan	: We're gonna have a little chat, man to man. Why don't we talk in the barn? Come on! Getting warmer? Huh?
Walter	: No, let go!
Stan	: **<u>Let's you and me get something straight.</u>** We can be friends or we can be enemies.

스탠	: 우리 얘기 좀 해야겠어, 남자 대 남자로. 헛간에서 얘기 좀 하자. 어서! 가까워졌지? 허?
월터	: 싫어요, 놔요!
스탠	: 우리 툭 까놓고 확실하게 하자고. 우린 친구가 될 수도 있고 적이 될 수도 있어.

- be gonna : be going to의 줄임말입니다. 가까운 미래에 곧 -할 예정이라는 의미입니다.

- have a little chat : chat은 '수다, 잡담'을 의미합니다. 본 표현은 '수다를 좀 떨다, 잡담을 조금 하다'는 의미입니다. 잡담한다고 할 때 동사 have가 쓰인다는 점 알아두세요.

- man to man : '남자 대 남자' 라는 뜻입니다. man to man으로 얘기한다는 것은 진지하고도 사적인 문제를 의논하기 위해서 두 남자가 만난다는 의미를 담고 있습니다.

- why don't we-? : '우리 -하는 게 어때?' 라는 의미로 무언가를 제안할 때 사용됩니다.

- barn : '농가의 헛간이나 광'을 의미합니다. 곡물이나 동물 먹이용 건초 따위를 보관해 두는 장소입니다.

- come on : 상대방에게 서두르라고 재촉할 때 사용됩니다.

- get warmer : get warm은 정답을 맞추거나 숨겨진 물건을 찾는데 가까이 접근했다는 것을 말할 때 사용됩니다. 여기서는 스탠이 월터를

헛간으로 끌고 가면서 '돈 숨겨둔 곳에 더 가까워졌지?' 라고 추궁하는데 쓰였습니다.

- ... can be friends or ... can be enemies : 월터가 삼촌들이 돈 숨긴 곳을 털어 놓으면 스탠과 친밀한 관계(friends)가 될 수 있고 끝까지 돈 숨긴 곳을 대지 않으면 적대적인 관계(enemies)가 된다는 의미입니다.

▣ 즐겨찾기!

Let's- 구문
Let's-는 '-합시다'의 의미로써 일반적으로 Let us의 구어적인 형태입니다. Let us-는 보통 형식적이며 문어적으로 사용됩니다. 구어에서 이 두 가지 형태가 쓰일 경우 의미가 다르게 갈라질 수가 있습니다. 다음의 예문들을 비교해 보세요. 예> Let's go. (자, 가자.) Let us go. (우리들을 가게 해 주세요.) (상대방에게 허가나 허락을 구하는 기능) Let's go in and have supper. (들어가서 저녁 먹자.) Let us go in and have supper. (들어가서 저녁 먹게 해 주세요.)
let's- 구문의 부정 형태는 문두에 Don't를 붙여주면 됩니다. 예> Don't let's finish yet! (아직 끝내지 맙시다!)

뒤통수 제대로 치는구만.

▣ 클릭! 이럴 때!

그럴 리 없다고 믿었던 사람이 상대방에게 어이없는 일을 저질렀을 때 뒤통수 제대로 친다는 표현을 씁니다. 미처 깨닫지 못한 때에 상대방에게 느닷없이 놀라운 일을 당했을 때도 쓰입니다. 예상치 못한 일을 저질러서 상대방을 너무 놀라게 한다거나 당황케 할 경우 뒤통수를 친다는 말은 어떻게 표현할까요?

bugger me backwards!

bugger me는 어떤 일에 대해서 굉장히 놀랐다는 것을 강조할 때 사용되는 다소 무례한 표현입니다. backwards는 '뒤에, 거꾸로, 역행하여' 라는 의미입니다.

본 표현은 뒤에서 나를 매우 놀라게 했다는 뜻이 되지요. 우리말에 '뒤통수 친다'는 말 있죠?! 예기치도 않았는데 누군가가 갑자기 뒤통수를 치면 얼마나 놀라겠습니까?! 딱 그 표현이라고 생각하면 됩니다.

▣ 영화! 바로가기! : 어바웃 러브

댄은 아내 몰래 바람 핀 사진으로 인해 아내에게 고소당합니다. 변호사 샘은 그의 변호를 맡았습니다만 워낙 확실한 증거라 승소할 가망성이 없습니다. 마지막 재판에서 이 사건을 함께 담당한 동료 변호사 아치가 댄을 데리고 조금 늦게 도착합니다. 그러나 바로 몇 분 뒤 문을 열고 들어오는 또 다른 쌍둥이 모습의 댄. 법정에 있던 모든 사람들은 예상치도 못했던 또 다른 댄을 보고 너무나도 놀라게 됩니다.

Sam :	As you can see, Your Honour, they have arrived. Now may I request your permission to call Daniel Harlow to the stand?
Dan :	Sorry I'm late.
Man :	Well, **bugger me backwards!**

샘 :	보시다시피, 재판관님, 그들이 도착했습니다. 이제 대니엘 할로우를 증인석에 세우도록 요청해도 될까요?
댄 :	늦어서 죄송합니다.
남자 :	이런, 뒤통수 제대로 치는구만.

■ as you can see : 여기서 as는 '-하는 것과 같이, -하는 대로'의 의미로 쓰였습니다. 이 의미일 때 as 뒤에는 절이 와야 합니다.

본 표현은 '당신이 보는 것과 같이, 보시다시피'의 의미가 됩니다.

- Your Honour : 법정에서 재판관을 높여서 부르는 칭호입니다.

- may I - ? : 어떤 일을 해도 되는지를 정중하게 물어볼 때 사용됩니다. '-해도 될까요? -해도 괜찮습니까?' 라는 의미로 상대방의 권한을 존중하는 표현입니다.

- request : '신청하다' 라는 뜻으로 정중하게 또는 격식을 차려서 공식적으로(formally) 요청한다는 의미를 지니고 있습니다.

- permission to - : permission은 '허가'라는 뜻으로 어떤 사람이 어떤 행위를 하도록 공식적으로(officially) 허락해 준다는 의미를 담고 있습니다. 주로 permission to do something의 형태로 사용됩니다.

- the stand : 증인석(witness box)을 의미합니다. 재판에서 소송 사건에 대해서 증인을 하는 사람들이 앉는 자리를 나타내죠.
  '증인석에 서다' 라고 할 때는 take the stand 라고 합니다.

▣ 즐겨찾기!

backwards : 부사

부사는 형용사, 동사, 다른 부사 또는 구와 절, 문장 전체를 수식하는 역할을 합니다. 명사만을 수식하지 못한다는 사실 기억하세요.

예> Bugger me backwards!

이 부사를 동사에 붙일 때는 backwards를 사용하고 명사에 붙일 때는 backward를 사용합니다.

look backwards (뒤를 돌아보다)
walk backwards (뒤로 걷다)
a backward look (뒤돌아 보는 것)

예> I explained very carefully why I was late.
(very는 부사 carefully를 수식하고 carefully는 동사 explained를 수식합니다.)

예> She arrived long after the conference began.
(그녀는 회의가 시작되고 나서 한참 후에야 도착했다.)
(부사로 쓰인 long은 after the conference began을 수식합니다.)

예> Technically, over 1.5 million people of Canada are vegetarian.
(technically는 뒤 문장 전체를 수식합니다.)

학교는 진짜 나랑 안 맞는다니까.

▣ 클릭! 이럴 때!

학교 다닐 때 보면 말썽 많이 피우고 자습 시간에 도망가며 학교생활에 적응 못하는 친구들이 있습니다. 학교 상담 선생님은 이런 학생들을 불러서 두런두런 애기하며 달래기도 하고 야단치기도 하면서 그들을 이해하려고 합니다. 상담실에 불려가는 많은 학생들은 자기는 원래 학교랑 잘 안 맞는다는 애기를 종종 합니다. '학교는 제 스타일이 아니에요, 원래 안 맞는다니까요'를 어떻게 표현할까요?!

School ain't never really been my thing.

ain't는 am not, are not, is not, have not, has not의 간약형 입니다. 여기서는 현재완료가 쓰였기 때문에 has not의 줄임말이 됩니다. thing은 '마음에 드는 일'을 나타내는 구어적인 단어입니다. 그러므로 my thing이라고 하면 내가 마음에 들어 하는 일이라는 거지요. 본 표현을 직역하면 '정말로 학교는 내가 절대로 마음에 들어 하는 곳이 아니다'가 됩니다. 결국 학교는 나한테 맞는 곳이 아니라는 것을 나타냅니다.

▣ 영화! 바로가기! : 언더클래스맨

고등학교에서 발생한 살인 사건을 해결하기 위해 트레이시는 고등학교로 잠복근무를 나가게 됩니다. 경찰 신분을 숨기기 위해 어쩔 수 없이 고등학교 수업을 받아야만 합니다. 그는 스페인어 과목에서 낙세 점수를 받아서 따로 과외 수업을 받게 됩니다. 다음 장면은 예쁜 스페인어 선생님이 트레이시에게 공부와 학교 생활에 대해 충고해 주는 장면입니다.

Teacher	:	Nothing that's worth it comes easy. It's like school. You have to put the work and the time in, and you'll succeed.
Trecy	:	See, **<u>school ain't never really been my thing.</u>**

선생님	:	쉽게 얻어지는 건 아무것도 없어. 학교같은 거지. 열심히 하고 시간을 투자해야 학교 생활을 성공할 수 있어.
트레이시	:	그런데요, 학교는 진짜 나랑 안 맞는다니까요.

- worth : '-의(-할 만한) 가치가 있는'의 의미입니다.

  worth와 value의 의미상의 차이를 살짝 짚고 넘어갈까요?! worth는 value와 바꿔서 사용할 수도 있지만 worth는 주로 인간의 정신으로 느낄 수 있는 가치를 의미하며 반면에 value는 금액으로 환산되는 가치 또는 효과상의 가치나 중요성을 의미할 때 사용됩니다.

  예> Nobody knew her true worth.

  He emphasized the value of education.

- it comes easy : 무언가가 쉽게 얻어진다는 것을 나타낼 때 쓰입니다.

- It's like school : 여기서 it은 쉽게 얻어지는 건 아무것도 없다는 사실을 나타내며 이러한 이치는 학교나 학업 생활에도 적용된다는 의미가 됩니다.

- put the work and the time in : 여기서 work는 '연구, 노력'을 의미합니다. 해야 될 일을 하는 행위를 나타내며 그 일을 하는데 시간과 노력이 필요하다는 것을 함축하고 있습니다. 위 문장에서 in 다음에는 school이 생략되었습니다. 따라서 학교생활에 시간과 노력을 투자해야 한다는 의미가 됩니다.

- See : 일반적으로 자신의 얘기나 설명을 상대방이 주의해서 듣고 잘 이해하는지를 확인하는데 사용됩니다. 여기서 see는 자신이 하는 말에 상대방이 주의를 집중시켜 듣도록 하는데 사용되었습니다.

▣ 즐겨찾기!

현재완료
현재완료는 have+과거분사의 형태를 취하며 과거의 한 지점부터 시작해서 현재까지의 시점을 의미합니다. 현재 완료는 경험, 결과, 완료, 계속의 용법이 있습니다.
1) 경험 : 과거의 한 지점부터 현재까지 있었던 경험을 나타냅니다. 예> It's the funniest story I've ever heard. 2) 결과 : 과거에 행했던 동작의 결과가 현재까지 남아있는 경우를 나타냅니다. 예> I have lost my wallet. (=I lost my wallet and I have no wallet.) 3) 완료 : 현재시점에서 사건이나 동작이 방금 끝난 경우를 나타냅니다. 예> I have just finished typing my paper. 4) 계속 : 과거의 한 시점에서 시작해서 현재까지 계속되는 경우를 나타냅니다. 예> He has married Susan for three years.

▪ 이번엔 내가 좀 심했나 본데. ▪

▣ 클릭! 이럴 때!

화가 나거나 짜증이 나서 앞뒤 안 가리고 상대방한테 마구 짜증낸 경험이 누구나 있을 겁니다. 화가 가라앉고 다소 진정이 된 후 뒤돌아 생각해 보면 참 수습하기 힘들죠. 삐져있는 상대방에게 너무 미안하고 내가 행동이나 말을 너무 심하게 했나는 반성도 하게 됩니다. 도가 너무 지나쳤나?! 내가 좀 심했나?! 라는 반성어린 생각을 어떻게 표현할까요?

I went a little too far this time.

go too far는 너무 지나치게 무언가를 했거나 또는 매우 극단적인 방식으로 일을 했다는 의미입니다. 너무 지나쳐서 결국 상대방이 화가 나게 됐다는 뜻을 함축하고 있습니다. 여기서 time은 일이 발생한 특정한 경우나 특정한 때를 나타냅니다. 따라서 this time은 '이번에는, 이번 경우에는' 이라는 의미가 됩니다.

본 표현은 내가 이번에는 좀 심했다는 뜻이 되지요. 도를 지나쳐서 상대방에게 좀 무례하게 굴었거나 상대방의 기분을 상하게 했을 때 자신이 심했다는 것을 나타낼 때 쓰일 수 있는 표현입니다.

▣ 영화! 바로가기! : 마음대로 훔쳐라

좀도둑 케빈은 대부호 맥스의 집을 털려고 잠입했다가 경찰에 붙잡히게 되고 집 주인 맥스에게 오히려 자신의 반지를 빼앗기게 됩니다. 빼앗긴 반지를 어떻게든 되찾으려는 케빈과 이를 뺏기지 않으려는 맥스 사이에 전쟁 아닌 전쟁이 벌어지게 됩니다. 그깟 반지 때문에 맥스는 한 순간에 중요한 회사 일을 모두 망치게 됩니다. 그의 변호사인 월터는 그런 맥스를 도저히 이해하지 못하고 그만 두겠다고 하죠. 다음은 리무진에서 내려서 떠나가는 월터를 맥스가 쫓아가며 붙잡는 장면입니다.

Max : Where are you going? Come on. Get back in the car. Go with him. Go with him. Walter. Come on. You can't walk all the way home. What are you going to do? Guess **I went a little too far this time.**

맥스 : 어디 가는거야? 어서, 차로 돌아와. (운전자에게) 그를 따라가. 따라가라고. 월터. 돌아오라고. 집에 걸어가겠다는 거야?! 뭘 어쩌려고? 이번에는 내가 좀 심했나 본데.

- come on : 상대방을 재촉하는데 사용됩니다. 여기서는 떠나겠다며 차에서 내려서 가버리는 월터를 붙잡으려고 차로 어서 돌아오라고 재촉하는데 사용되었습니다.

- get back : '되돌아오다(to return)' 라는 의미입니다.

- go with him : 이 대사는 맥스가 리무진을 몰고 가는 운전기사에게 한 말입니다. 차에서 내려서 앞으로 걸어가고 있는 월터를 따라가라는 의미로 사용되었습니다.

- all the way : '내내, 멀리서' 라는 의미로 긴 거리 동안 무언가를 계속한다는 뜻이 들어있습니다. 따라서 ...walk all the way home은 집에 가는 내내 계속해서 걸어간다는 의미가 되겠죠.

- be going to do : 무언가를 할 작정이다, 무언

가를 하려고 생각한다. 의도를 가지고 무언가를 하려고 한다는 의미입니다.

■ Guess : 여기서는 I guess that-의 형태에서 주어와 that이 생략된 것입니다. guess that-은 'that 이하를 추정하다, 미루어 that 이하라고 생각하다' 라는 의미입니다. 우리말로는 '-했나 보다'로 해석될 수 있습니다.

▣ 즐겨찾기!

too
too는 부사의 역할을 합니다. 따라서 too 다음에는 형용사나 부사가 올 수 있습니다. 예> The noise is too loud, turn the radio down. (잡음이 너무 크니깐 라디오를 줄여라.) 여기서 too는 뒤에 나오는 형용사 loud(시끄러운, 소리가 큰)를 수식하는 부사입니다. 예> That test is too difficult for her. (그 시험은 그녀에게 너무 어렵다.) 여기서 too는 형용사 difficult를 수식해서 의미를 더해줍니다.
too가 문장이나 절의 맨 끝에 쓰이면 also의 의미로 쓰인다는 건 다들 아시죠?! 예> It's a delicious meal and cheap too! (이건 맛있는 식사이고 게다가 싸다.)

Index

- 즐겨찾기
- 단　어
- 숙어 및 문장

즐겨찾기

단 어

[A]

[B]

[O]

[P]

[R]

[S]

[T]

▪ 숙어 및 문장 ▪

[H]

[I]

[M]

[N]

[O]

[P]

놀려먹고 배우는 영화영어

초판발행일	2006년 2월 26일
저 자	이자원 · 김혜정 공저
발 행 인	김 문 환
발 행 처	국민대학교 출판부
주 소	서울시 성북구 정릉동 861-1
전 화	02-910-4243
팩 스	02-910-4030
등록년월일	1975. 6. 17
등록 번호	제6-33호
인 쇄	(주)상지피앤아이

 ISBN 89-7812-126-8 93740

값 6,000원